教養として学んでおきたい哲学

岡本裕一朗

マイナビ新書

はじめに

本書は、主に西洋の哲学について教養として学びたい方のための本です。しかしそれには、まず「哲学」をどう理解したらいいのかが問題になります。「哲学とは何か？」と問われた場合、それに対する答えは「哲学者の数ほど答えがある」になります。それは、「これこそが哲学だ」という正解がないからです。「哲学概論」などの入門書を見ても、必ず「哲学とは何か？」という話から始まります。そして、「〝哲学とは何か？〟ということに対する明確な答えはない」というところから、具体的な問題にあたり、その中から〝哲学〟というものを体得していく流れになっています。

例えば数学の問題があった場合、1＋1の答えがなぜ2になるのかというところから、「加法とは何か？」「そもそも数字とは何か？」、そういった疑問に進むことによって、数学が哲学の議論へと変わっていくのです。法律の勉強においても、「なぜルールを学ばなければならないのか？」「そもそもルールとは何なのか？」。こういった議論は、法学ではなく、哲学の分野だと言えるでしょう。後でも解説しますが、〝哲学〟という学問は、あらゆる分野に介入し、議論することができる学問です。特に西洋の哲学、古代ギリシャ以来の哲学は、まず相手の知識や自分の知識を問い直すところから始まります。

それはすなわち議論であり、自問自答も含めて、少なくともどこかで自分の知識や行動を改めて検討する姿勢が見られます。そう考えると、ひとつの結論として、〝哲学〟とは「常識を疑う学問」であると言えるかもしれません。

書店に行くと、著名人の名前で「〇〇〇〇の哲学」といった書籍を目にすることがあります。この場合の哲学は、考え方とか、基本的なポリシーといった意味合いであり、決して誤用ではないのですが、あくまでも広義の哲学なのです。このときはおそらく、「〇〇〇〇の考え方」「〇〇〇〇の流儀」と言ったほうが、哲学的な視点で言えば、正しい表現になるかもしれません。

しかし、この本でいうところの〝哲学〟は、考え方自身も根本的に検討し、本当に正しいのかどうかを問い直すことであり、それによって初めて〝哲学〟と言えるのです。

もちろん、ものの見方、世界観、人生観といったものを〝哲学〟と呼ぶのは決して間違ったことではありません。しかし、本来的に言えば、ひとつの概念でさえも、改めて検討し、批判し、根拠付けることこそが〝哲学〟なのです。とはいえ、そこまで厳密に突き詰める必要はないという人もおり、どこまでを〝哲学〟と呼ぶかは非常に難しいところではあります。

本書では、こういった難解な〝哲学〟を改めて紐解き、古代ギリシャの時代から連綿と続く議論の流れを改めて整理することで、皆様が〝哲学〟に触れるひとつのきっかけになればよいと思っています。

本書で紹介する主な哲学者

古代

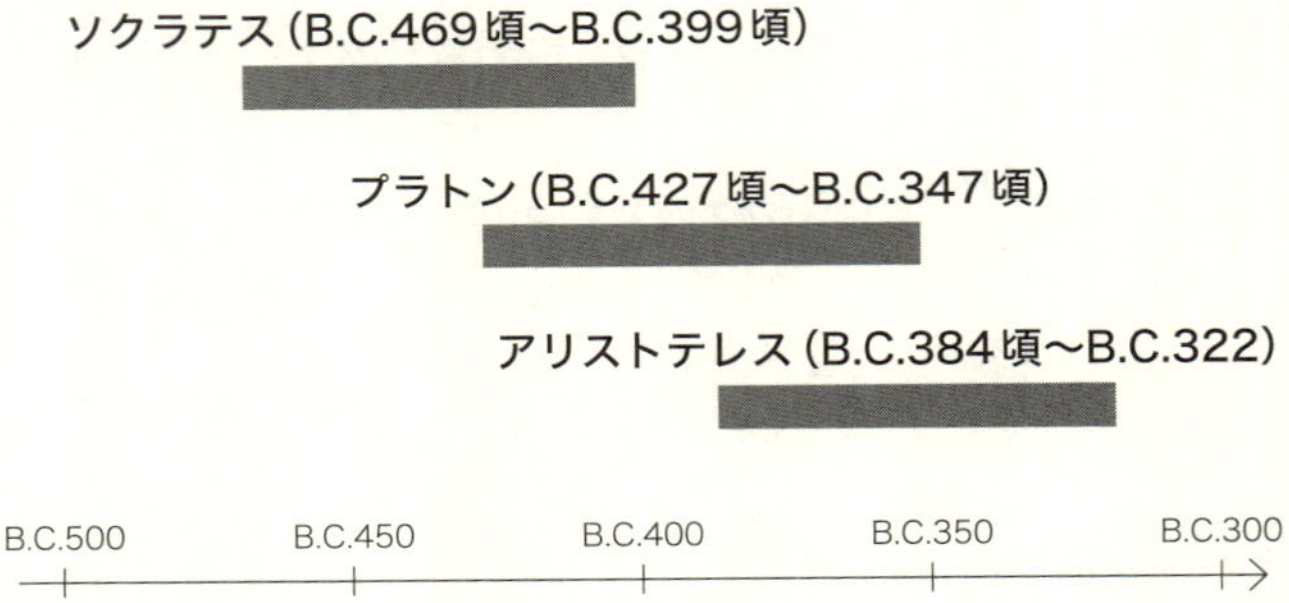
ソクラテス（B.C.469頃〜B.C.399頃）
プラトン（B.C.427頃〜B.C.347頃）
アリストテレス（B.C.384頃〜B.C.322）
B.C.500
B.C.450
B.C.400
B.C.350
B.C.300

中世

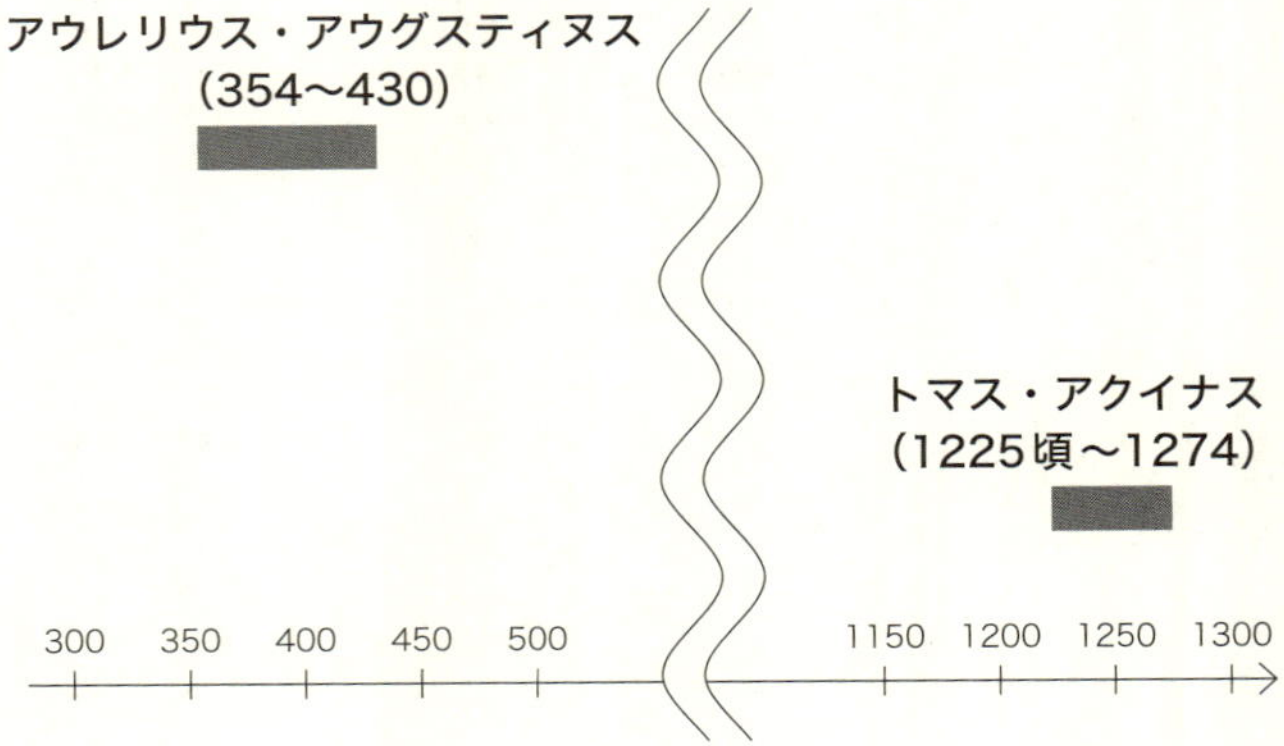
アウレリウス・アウグスティヌス
（354〜430）
トマス・アクイナス
（1225頃〜1274）
300
350
400
450
500
1150
1200
1250
1300

近代

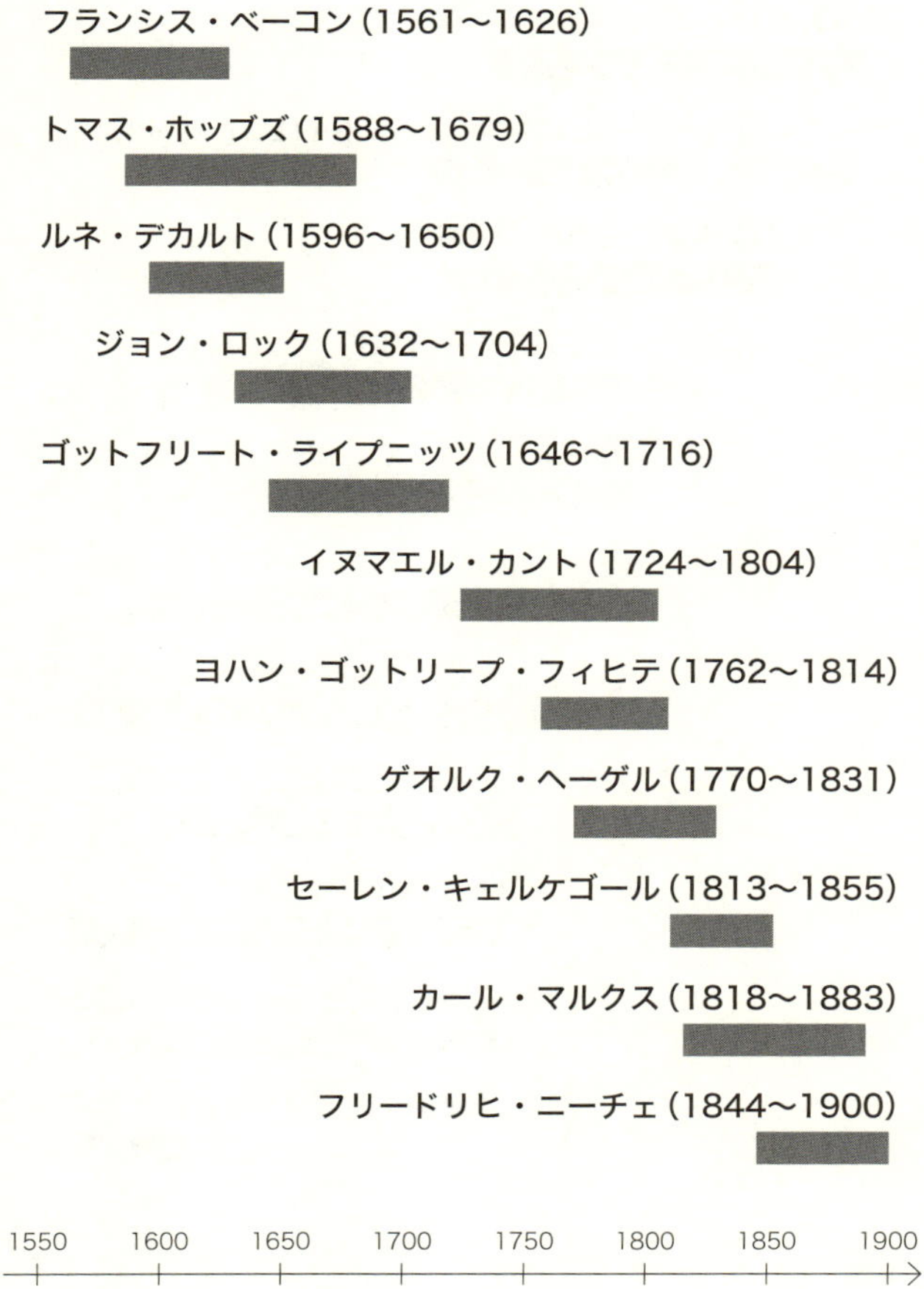
フランシス・ベーコン（1561～1626）
トマス・ホッブズ（1588～1679）
ルネ・デカルト（1596～1650）
ジョン・ロック（1632～1704）
ゴットフリート・ライプニッツ（1646～1716）
イヌマエル・カント（1724～1804）
ヨハン・ゴットリープ・フィヒテ（1762～1814）
ゲオルク・ヘーゲル（1770～1831）
セーレン・キェルケゴール（1813～1855）
カール・マルクス（1818～1883）
フリードリヒ・ニーチェ（1844～1900）
1550
1600
1650
1700
1750
1800
1850
1900

現代

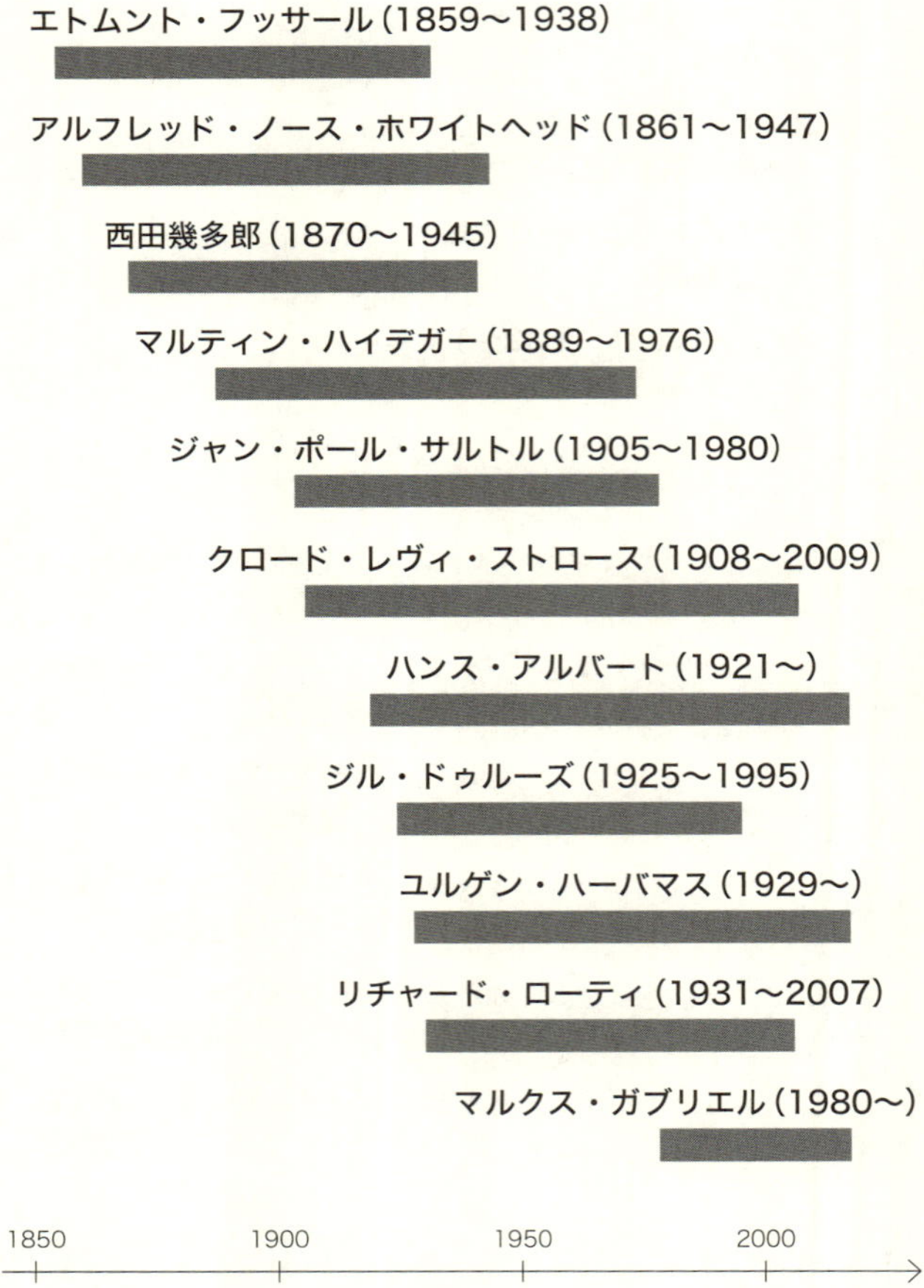
エトムント・フッサール（1859〜1938）
アルフレッド・ノース・ホワイトヘッド（1861〜1947）
西田幾多郎（1870〜1945）
マルティン・ハイデガー（1889〜1976）
ジャン・ポール・サルトル（1905〜1980）
クロード・レヴィ・ストロース（1908〜2009）
ハンス・アルバート（1921〜）
ジル・ドゥルーズ（1925〜1995）
ユルゲン・ハーバマス（1929〜）
リチャード・ローティ（1931〜2007）
マルクス・ガブリエル（1980〜）
1850
1900
1950
2000

教養として学んでおきたい哲学

目次

第2章　そもそも哲学とは、どんなことをするのか？

第3章　哲学の歴史と概念を知っておこう①

第4章　哲学の歴史と概念を知っておこう②

第5章　20世紀における哲学の3大潮流

第6章　現代社会で哲学はどう役立つのか？

第7章　今後の哲学を展望する

序章

哲学というものを確認する

哲学は限定がない学問

もともと〝哲学〟という学問は、例えば社会学や法学、生物学などのような対象を限定するものではなく、哲学、すなわち〝フィロソフィー（philosophy）〟には、「知識を愛する」、あるいは「正しい知識を愛する」という意味しかありません。

つまり、〝哲学〟という学問は、何らかの対象があるわけではなく、基本的には限定がない学問であり、「哲学とは何か？」という問いに対する答えは、「正しい知識を学ぶこと」などという、わかったようで、わからない回答になってしまうことが少なくありません。

〝哲学〟の歴史を見た場合、哲学者たちが行ってきた議論と、哲学そのものを基本的に切り離して考えることはできません。その意味では、〝哲学〟を学ぶということは、何か〝哲学〟という目に見える対象があるのではなく、哲学者たちの文献を読むという行為がずっと行われてきています。

哲学には何も残されていない？

先にも述べたとおり、〝哲学〟には限定された知識、対象がありません。はるか昔、それこそ古代ギリシャの時代には、あらゆる学問を修めることが〝哲学〟でした。例えばアリストテレスは、生物学もやれば物理学もやる。そして、天文学も、法学も、政治学も、道徳も、ありとあらゆる学問、知識を包括しており、その全体を学ぶことが哲学だと考えられていました。

ところが、時代が進んでいくに連れて、哲学の中のひとつの要素でしかなかった諸学問が、専門化されていきました。それぞれが専門化されていくことで、ひとりの人間がすべてを賄うことができなくなるのは当然の流れであり、それぞれの学問に対する専門家が生まれていきました。

そして最終的に、それぞれの学問がすべて分化してしまうと、〝哲学〟には何も残らないという状況になってしまうのは自明のことです。そして20世紀の頃には、ハイデガーのような人が、「哲学は終わりを迎えているのではないか」、つまり、諸学問が自立化してしまえば、哲学に残っているものは基本的に何もないのではないかと考えるに至ったのです。

諸学問を繋ぐ学問という位置付け

古代ギリシャの時代には、あらゆる事柄を修めるのが哲学だったのに、歴史が進んでいくと、哲学の中身がどんどん自立化していってしまい、最終的には残りカスどころか、何も残っていないという状況になってしまったのです。

こういった状況を念頭に、改めて〝哲学〟とは一体何をする学問なのかを考えた場合、もちろん様々な考え方はありますが、私個人としては、様々な学問の連関、コミュニケーションを図る学問ではないかと考えています。それぞれの学問がどのように繋がっているのか、その繋がりを理解するのが〝哲学〟なのです。

昔はすべての学問を包括するポジションにありましたが、現在のようにそれぞれの学問が自立してしまったため、そのすべてを修めることができる状況ではなくなっています。それにもかかわらず、何かひとつの分野だけを修めるのは、やはり哲学ではないのです。

改めて哲学者の活動を見てみると、社会的な問題に対して発言するのはもちろん、自然科学的な問題や芸術的な問題、さらに道徳に関する問題についても議論を行ったりしています。実際、哲学者であり数学者、哲学者であり法律家、哲学者であり経済学者といったように、複数の学問に通じる哲学者は少なくありません。

哲学の持つ〝強み〟と〝弱み〟

そうした意味で、〝哲学〟には大きな強みと弱みがあります。通常の学問は、特定の分野の議論しかしないのが当たり前ですが、哲学は様々な分野について、議論したり、検討したり、あるいは相互のコミュニケーションを図ろうとしたりします。

これができるのは哲学ならではの強みなのですが、このことは逆に、専門分野が自立化している現状においては、「素人談義」に陥ってしまう可能性、そして危険性が多大にありえるのです。それでもやはり、ひとつの分野だけに限定されることなく、様々な分野の問題点を取り扱ったり、議論したりできるのは、〝哲学〟ならではの大きな特徴ではないかと思います。

さらに、哲学の大きな特徴として、通常では疑わないような前提条件も必ず疑うということが挙げられます。「はたして、それは本当なのか？」。何らかの結論があっても、必ず問い直すのが哲学におけるひとつの伝統であり、古代ギリシャ以来、現代でも変わらずに続いている哲学ならではの特徴となっています。

通常であれば絶対に疑わないようなこと、いわゆる常識であってもあえて問い直します。それによって、今まで信じてきた知識の根本をもう一度組み替えてみたり、その見方を考え直そうとするのです。つまり、哲学における一番基本となる姿勢は、通常では疑問にも思わない、自明的な事柄であっても、あえて問い直すことであり、それによって、新たな知識の可能性を見出していくのです。

オリジナルの概念を創造し、徹底する

そしてもうひとつ特徴的なことは、特に創造的で、独創的な哲学者が、みんなオリジナルの概念（コンセプト）を提示していることです。

「哲学者は概念（コンセプト）を創造する人である」

これはドゥルーズの言葉ですが、「こんな概念を使って世界を見たら、一体どういう風になるのだろう」と考え、様々な概念を着想し、そこから新しいものの見方を提唱してきたのです。

例えば、「近代哲学の父」と呼ばれたデカルトであれば、「コギト（我思う）」といった概念を基本に据えてものを見ることによって、今までの考え方とどこが違うかを探求しました。カントであれば「超越論的主観性」、ヘーゲルであれば「ガイスト（精神）」、プラトンであれば「イデア」といった、それぞれの哲学者ならではの独創的な概念でものを見ることにより、私たちが通常ではあまり自覚しないような事柄を含めて、新しい見方を模索し続けたのです。

そして、自分の提唱した概念を徹底化させるのも哲学者の特徴で、「こうも考えられるけれど、別の考え方も可能だよね」といった、帳尻を合わせるような取りまとめ方は、おおよそ哲学者のやるべき姿勢ではありません。ものの見方に対して、ひとつのアイデアがあれば、それですべてを見るという〝徹底性〟こそが、哲学者の取るべき姿勢なのです。

そこまで言ってしまうと常識そのものが崩れてしまう。そんなところまで平気で、そして徹底的に議論を展開していく。そういった姿勢が、哲学を特徴づける、非常に大きな性格としてあるのではないかと思います。

要するに、〝哲学〟というのは、何かひとつの分野に限定されない学問であり、積極的な言い方をすれば、全体的な視野で物事を捉える学問なのです。その中で、様々な分野の議論であったり、知識であったりを調整しながら、どういった概念をベースに見ていけばよいかを考え、それを提唱します。

哲学者が〝変人〟だと言われがちなのは、私たちがほとんど疑わないような事柄を平気で疑うからです。私たちが実際に目にしているものが本当に存在するのか？　普通は絶対に疑わないようなことでさえ疑い、問いかけ続けるのが哲学であり、哲学者なのです。

一般的に、存在論だとか認識論みたいなことをやっている人が哲学者であると思われがちです。しかし、それは哲学者のひとつの形でしかなく、何らかの研究活動に従事していて、その中の問題そのものを根本的に疑い、洗い直そうとするような人は、すべて哲学者と捉えても問題ないですし、逆に言えば、昔から哲学者というのは、そういった人たちのことを示していたのです。

常識では考えつかないような発想ができる人というのは、あえてそれを狙っているのではなく、疑問が生じたら、徹底的に考え抜かずにはいられない人であり、それによって普通とは異なる視点を持ち、その結果として、新たな改革を生み出すことができるのです。

第1章

人生100年時代に改めて哲学を学ぶべき理由

哲学は無限に時間を使うことができる学問

もともと（ギリシャ時代の）哲学は、時間がある人、自由人という言い方もありますが、実際上、飲み食いするための労働は別の人がやり、自由な時間を使うことができる人が始めた学問です。そういう意味で考えると、日々、朝から晩まで仕事に追われている人たちには、おそらく哲学的な議論というのは、ほとんど役に立ちませんし、有効ではないでしょう。

しかし、例えば定年後であったり、ある程度生活に余裕が出てきたりして、たくさんの自由な時間ができた場合、その時間をいかに使っていくのかが、人生100年時代と言われる現代においては非常に重要であり、ある意味では、哲学者たちが活動し始めた状況と条件的には似ていると言えます。

今後、ＡＩ（人工知能）を含めて、労働は他の人がやり、自分自身では仕事をしなくてもよい人が出てくるかもしれません。働き方改革によって自分の時間が増える人も少なくありません。そういった場合に、その時間の利用法として、〝哲学〟というのは非常に有効なのではないかと思います。

もちろん時間の使い方にはいろいろな方法がありますが、哲学というのは、問題そのものが複雑多岐にわたっており、ある意味、無限に時間を使うことができる学問なので、すぐに終わることがないという意味でも、余った時間の使い方においては、最適なもののひとつになるかもしれません。

数千年にわたって議論されてきた問題

それでは、何のために哲学を学ぶのでしょうか。まず、自分のことを考えてみましょう。そうすれば、実際、自分たちがこれまでに生きてきた活動というのは何なのか？　という疑問を、レベルの違いはあれど、誰しもが持っているのではないかと思います。

そうしたものを考えるときに、もともと哲学というものが議論してきた問題、自分自身が経験してきた世界とは何なのか？　あるいは他人との関わりはどのようにするべきなのか？　あるいは何がよく、何が悪いのか？　あるいは様々な自然科学的な知識……。

そういったものも含めて、実は数千年にわたって議論されてきた問題は、現代の私たちが直面している問題と、それほどかけ離れたものではありません。そうした意味では、哲学を学ぶことによって、何らかのヒントを得られるかもしれません。

例えば、「何のために生きるのか？」といった問題は、非常に根本的な問題であり、それを問うこと自体、ソクラテス以来哲学の中でも一番大きな問題のひとつではあったわけです。

というのも、日常生活において、〝生きる〟ということに対して疑問を持つことはほとんどないと思いますが、哲学というものが、一番前提にしていることを

〝疑う〟学問であると考えると、当然「なぜ生きなくてはいけないのか？」、あるいは「人生に何か意味はあるのか？」という疑問が生まれてくるわけです。

哲学の目的は〝答え〟を出すことではない

哲学における議論の目的は〝答え〟を出すことではありません。

これは非常に大切なことで、哲学においては、〝問い〟を出すことのほうが重要なのです。自分自身が今まで正しいと思っていたことが、はたして本当に正しいのかどうかを疑う。それがあって、初めて〝問い〟を出すことができます。

例えば、哲学の始まりという言い方をするとき、古代の哲学は〝驚き〟から始まり、近代の哲学は〝疑い〟から始まると言われます。〝驚き〟も〝疑い〟も、そこから〝問い〟が生じるという意味では、非常に大きな哲学の活動であり、その〝問い〟が大きければ大きいほど、〝答え〟はストレートに出てきません。

しばしば誤解されますが、「哲学には〝答え〟がない」と言っても、非常に単純なレベルの〝問い〟に対しては当然のように〝答え〟はあります。しかしながら、〝問い〟そのものが非常に大きくなったり、根本的な問題になったりすると、たとえそこから〝答え〟が出てきたとしても、当然その〝答え〟に対しても新たな〝問い〟が生まれてくるのです。

ここで、ニーチェの例を挙げると、「人を殺してはいけない」というのは社会的に決められているわけですが、「それはなぜか？」という〝問い〟に対して、はたして納得できる答えがあるのかどうか、疑わしくなります。

例えば、「自分が殺されないため」という答え方がありますが、そうなると、「殺されてもよいと思っている人であれば、人を殺してもよいのですか？」という新たな〝問い〟が生まれてきます。

そして、ニーチェが言うように、「殺しに対する禁止というのは、結局のところ、根拠付けが得られない」ということになってしまうのです。

このように、〝問い〟に対する〝答え〟を出したとしても、その〝答え〟に対して新たな〝問い〟が生まれるのです。そうなってくると、最終的に〝答え〟を出すことができなくなってしまいます。「哲学には〝答え〟がない」というのはそういった次元の話であり、一般的な意味で、〝答え〟がないということではありません。

大学で学ぶ哲学は学説史が中心

大学に行って哲学を学ぶというと、ニーチェの哲学とかプラトンの哲学といったように、〝〇〇の哲学を学ぶ〟というのが普通であり、当該の哲学者の文献であったり、それにまつわる研究結果をサーベイするだけに終始し、結局それだけに10年、20年という時間をかけ、それをどれだけ学んだのかということで、学会デビューが決まったりするわけです。

けれど、これは哲学史における学説の研究ではあっても、決して〝哲学〟そのものを学んでいるわけではありません。自分が研究している哲学者が何を考え、何を明らかにしようとして、どんな主張をするかは問題にします。しかし、その同じ問題に対して自分はどのように考えるのか……。それを表明することは基本的にありませんし、実際、そこまで進むことはほとんどありません。

しかし、もし哲学史の本を読んだ場合は、自分だったらこの問題に対してどう考えるか、それをアウトプットするのが、おそらく哲学の一番大きな問題だと思いますし、オリジナルの哲学者たちは、そうやって自分の説を提示してきたのです。

ところが、学者の多くは、オリジナルの哲学者がやってきたことを後追いするだけです。ただ学説の後追いをするだけで、彼らが言ったことに対して、自分はどう考えるかといった段階まで進むことは、教育の現場ではなかったわけです。

だから、「あなたはどう思いますか?」と問われた場合、「ハイデガーはこう言っている」とか、「カントはこう言っている」と語ることはできても、自分としての考えはなく、たとえ口にしたとしても感想程度のことしか言えません。

自分なりの〝答え〟を出すためには、ちゃんとした理論的な裏付けと、正当化するだけの論拠が必要になるわけですが、ただ学説を追っているだけで、自分自身の問題として捉えるところまでは至らないのです。

哲学者と哲学研究者の違い

日本でも西田幾多郎などの哲学者と呼ばれる人たちは、それを打ち出そうとしてきました。そういう人たちこそが〝哲学者〟であり、それ以外の人は〝哲学研究者〟と呼ぶのが正しいのではないかと思っています。

学会などで、「プラトンがこういう風に言っているが、間違っているのではないか？」なんて発表はまずありえません。これは日本に限らず、世界的な傾向なのですが、哲学研究者は、当該の研究対象に入れ込んでしまい、すべてを肯定する方向に向かいがちです。

しかし、哲学本来の考え方で言えば、そこに疑問を持ち、新たな問いを生み出さなければなりません。実際、「哲学者ですか?」と聞かれて、「はい」と答える学者は少ないですし、〝哲学研究者です〞としか言えない場合のほうが多いでしょう。そして、「哲学研究者は哲学者ではないのですか?」と改めて問われると、答えに困る人も少なくないですし、非常に居心地が悪くなってしまうかもしれません。

これは、大学制度の問題でもあります。私たちが哲学者だと考えているライプニッツやデカルトは、大学に属して、研究発表をしていた人ではなく、むしろ在野で、そんなことをしなくても食べていけるような人たちなのです。

しかし、19世紀くらいのドイツでは、ごく少数とはいえ、大学の中で哲学を教えることで生活できるようになりました。論文は、あくまでもポストを得るために提出するもので、いわば、新しい名刺を作るために、論文を書いて、自分を紹介し、どこかの大学のポストに呼んでもらうのです。

そうなると、学会でプラトンの哲学に疑問を挟むなんてもってのほかで、そんなことをしていると、学会というサークルに加わることができなくなってしまうのです。つまり、研究論文というのは、同業者に向けて書かれるものであり、どれだけ知識を持っているかを同業者に示すためのものなので、その内容が学説史に偏ってしまうのは、ある意味、仕方のないことかもしれません。

前提としての知識は必要

おそらく、この本を読まれる方々が考える哲学というのは、その中間くらいの位置付けではないでしょうか。誰かの哲学を説明してくれて、何らかの小難しい知識を与えてくれる、それが一般的な哲学のイメージではないかと思います。

しかし、哲学の基本的な活動である、「自分たちの思っていた前提そのものを疑う」ということから考えると、それらは哲学に関する知識ではあっても、本当の意味での哲学ではないと言えるでしょう。

ただし、知識として理解する前に、自分から問いを発することは、まずありえないことだと思います。その意味では、あくまでも前提としてではありますが、哲学史を学んだり、哲学者の学説を追って、知識を蓄えること自体はとても重要なことでもあるのです。前提としての知識がなければ、何を言ってもまったく説得力がありません。

実際、哲学に関する〝問い〟や〝議論〟というものは、それこそ何千年も続いているわけですから、それを知らずに話をしても、「それはすでに○○が言っているよ」と言われて終わるのがオチなのです。

これまでに積み重ねられてきた議論を知ることは、哲学において非常に重要なことではありますが、それはあくまでもさらなる議論を重ねるための手段であり、決して目的ではないのです。

哲学に対する一般的なイメージ

哲学に対する一般的なイメージには、学説史の研究のほかに、〃人生論〃があります。自分はこう生きるだとか、こう考えるといった人生論を語るのが哲学者だと一般の人は思いがちですが、哲学会に行っても、そんなことをやっている研究者はひとりもいません。世の中の哲学研究者に「人生についてどう考えるか？」と問いかけたところで、まず議論にもならないでしょう。

ですが、哲学の始祖とされるソクラテスは、人間にとって最も大切なのはよく生きることであり、正しい生き方をしているかどうか、あるいは、どういう形で生きていくかが問題である、というような話をするのですが、それは究極、〃人生論〃なわけです。

そこから時代が進み、例えば20世紀になるかならないかの頃に、ニーチェが行った議論も、言うなればほとんど人生論みたいなものです。社会でどう生きていくか、その中に自分自身の生き方の目的をどのように打ち出していくかといった人生論的な哲学が、伝統的にあるのは事実です。

ただ、日本で哲学というと、どうも人生に悩んだ青年が哲学に傾倒して自殺してしまう……なんて、ネガティブなイメージで捉えられがちなので、それを払拭する意味でも、あえて、「哲学＝人生論ではない」と言っておきたいと思います。

〝人生論〟と〝哲学〟の違い

もちろん、哲学者と呼ばれる人たちの中にも、人生論系統の議論をする人たちがいます。ソクラテスもその系統に当然入ってくるわけですし、ストア哲学やエピクロス哲学など、禁欲主義や快楽主義、幸福論などを語る哲学というのも人生論系統になります。そして、そういった系統はずっと続いていて、現在で言えば実存主義などは、人生をどう生きるかを考える流れになっています。

そんな中、なぜ人生論が哲学ではないかと言えば、人生論には「こう生きるべきだ」というイメージがあるからです。しかし、哲学というのは、その人生論に対する検討を行うものであり、逆に言えば、「こう生きるべきだ」という議論そのものが正しいかどうかを考えるのが哲学なのです。

人生論は、「こう生きるべきだ」という断言であったり、吟味のないオススメであったりするのですが、哲学は、その人生について意味があるのかを問うことになります。そうなると〝答え〟が出なくなってしまいますから、多くの人は興味を持たなくなるでしょう。

多くの人が求めているのは、「どう生きたらいいか」「どう生きるべきか」といった〝答え〟なのですが、これは哲学というよりも宗教に近いものと言えるかもしれません。哲学は答えそのものを問い直し、そのまま受け入れることはありませんが、宗教はそのまま受け入れようというものです。神父の説教を信者がそのまま受け入れるように、いわゆる〝人生論〟のイメージというのは、ありがたいお話を聞いて、生き方の道標を示してほしいというものでしょう。

正直な話、哲学者というのは、たいてい人生に失敗をしています。ですから、「お前に言われたくない」の世界なのです。だからというわけではありませんが、実際、「こう生きろ」なんて語っている哲学者はいないと思います。

断言しないのが〝哲学〟

ここでいう〝人生論〟というのは、答えを求めるような人生論で、そのイメージから、哲学も、「こう生きなさい」「これが正しい生き方です」みたいな感じでストンと断言してくれると思っている人がたくさんいます。

その意味では、断言しないのが哲学であり、いわゆる人生論は、宗教ではあっても哲学では決してありません。「こう生きるべきだ」と言われたら、「それは本当ですか？」と問い直すのが哲学なのです。

哲学の結果として生まれた人生訓のようなものは確かにありますが、それは答えでは決してなく、それに対してさらに問い直すのが哲学的な姿勢と言ってもよいでしょう。

例えば、ソクラテスは「吟味なき生は無意味である」というような言い方をするのですが、これをそのまま、ポジティブに捉えるのは間違いです。このフレーズそのものを吟味することが哲学なのであり、断言調、教訓調に教え諭すような人生論は決して哲学ではないのです。

世代的に固まる哲学者たち

野球で言うところの〝松坂世代〟〝大谷世代〟のように、哲学でも世代的な固まりがあり、1960年代〜1970年代には、サルトルの実存主義の後、構造主義、ポスト構造主義が生まれ、たくさんの哲学者が活躍しました。それよりも前、ヨーロッパでは1930年代にフッサールやハイデガーらが台頭しました。もっと言えば、古代ギリシャにおいても、ソクラテス、プラトン、アリストテレスといったように連なるように登場しています。

では、その中間時期はどうなのかと言えば、誰かいたっけ？　と考えないといけないくらい、わりと固まりで登場することが多いのです。

これはおそらく、哲学が活発になるのは、時代の転換点であり、そういった時代に、哲学的議論が活発化するのではないかと思います。時代の考え方が根本的に変わり始める動きがあると、それを察知して言語化します。

これまではこういう考え方だったけれど、うまくいかなくなったので、新たに生まれた考え方に則って、問題を考えていく流れになり、それが哲学という形で表面化する……時代の転換と哲学者がリンクしているのは、そういった流れによるのではないかと思います。

新しい発想法を生み出すのが哲学者の役割だとすれば、時代そのものが新しい時代に移り変わろうとするときに、それを敏感に察知して表現することこそが、哲学のひとつのあり方なのです。

現在も大きな時代の転換点

近代で言えば、15〜16世紀の活版印刷の登場や18〜19世紀の産業革命の時期に、雨後の筍のように次々と哲学者が台頭してくるのは、時代そのものが活発に動き始めている証拠でもありますし、受容する人も、発信する人も、そういったことを肌身に感じているからではないかと思います。逆に言えば、停滞している時代には哲学者はほとんど出てこないのです。

その意味では、現在も大きな時代の転換点だと思っています。これはずっと言われてきていることではありますが、技術的な形でそれを支えるようになったのはデジタルテクノロジーの発展であり、もっと大きく言えば、人間のゲノムを変えていくということが、今世紀になって可能になってきていることを考えれば、今まで私たちが持っていた人間に対するイメージ自体も変わってくると思われます。

人間中心主義というのは、ルネサンスの時代から始まった、神ではなく人間を中心に据える考え方ですが、それ自体も変わろうとしています。その意味では、後の時代に偉大と言われる哲学者が、これから数十年の間に登場してもおかしくないと思います。

哲学は一生学び続けることができる学問

哲学というのは、学び方のひとつのあり方として、何か知識を学ぼうというのではなく、「自分自身にとってどうなのか？」という形で、当面の問題を自分自身の問題としてもう一度置き換えて考えることですが、それこそが哲学の強みではないかと思います。

他人の話であれば、「ああ、そうですか」で終わるところを、自分自身の話として置き換えるのです。哲学の思考実験とはそういうもので、「あなただったら、この場合どう考えますか？」といった感じで、最終的に、すべて自分の問題として落とし込んでいきます。

それによって、過去の哲学者たちが行ってきた思考実験や学説についても、自分自身にとってこの考え方はどうなのかといった具合で、常に自分の問題として考え直すことができるのです。

その意味で、哲学は〝一生学び続けることができる〟というのは、自分自身の問題として絶えず考えることができる学問だからです。

第2章

そもそも哲学とは、どんなことをするのか？

哲学は一朝一夕にならず

哲学に専門領域がないという話を最初にしましたが、一般の人には「これは哲学、これは哲学ではない」という何かしらの感覚があり、私の著書を読んだ人から「哲学者ではない人がたくさん登場する」といった感想をいただいたりします。一般の人にとっては、存在論や認識論など、非常に限定的な問題を取り扱うのが哲学となるのですが、そういう捉え方は「もう止めにしましょう」というのが私のメッセージになります。

しかし、それとは逆に、哲学に専門領域がないと聞くと、それなら自分にもわかりそうだという感覚を持つ方もいらっしゃいます。ですが、そういう方に哲学書を読んでもらうと、ほとんどの場合、まともに読むことができません。そして、「こんなもの読めるものか、書き方が悪いのではないか」と言われるわけです。

ヘーゲルの話で「靴作り職人の比喩」というものがあります。靴作り職人は一朝一夕でなれるものではなく、技術の習得や訓練、努力などが必要で、一般の人が見様見真似でできることではありません。それに対して、「作り方が間違っているからだ」などと言う人はいないでしょう。

しかし、哲学に関しては、言葉で書かれているだけに、「誰でも読めばわかるだろう」という風に思ってしまいがちなのですが、読んでみてもまったく理解できません。そうなると、「何だ、このわけのわからない書き方は！」となってしまうのです。

これは靴作り職人の例と同じで、哲学の文献を読み解くためには、読み方の訓練や言葉遣いの背景を理解する必要があり、そういうものをすべて捨てて、誰でも読めばわかるように書くことができるかと言われれば、おそらくそれはありえないことだと思います。

ところが、言葉だけで書かれているだけに、「読んで理解できないのは書き方が悪いからだ」と、批判されてしまうことは往々にして珍しいことではないのです。

時代的な背景も理解が必要

数学の場合、数式がわからなくても、それは自分が理解できていないからだとすぐに納得できるのですが、哲学になると話が変わってきます。

昔は、自分の知識のなさや理解力のなさを責めていたのですが、最近はどうも逆で、書き方が悪い、もっとわかりやすく簡単に書け、みたいに言われることが少なくありません。

しかし、どんなにわかりやすく書いたところで、問題そのものが難しかったり、議論が非常に複雑だったりして、一読しただけで理解できないことは大いにありえることなのです。

さらに言えば、そこに時代的な背景も重なってきます。海外の文献であれば、翻訳者の技量の問題もないとはいえませんが、少なくとも、そういった様々な背景を無視して、ただ日本語で書かれているからというだけの理由で文献にあたっても、ほとんど理解できないということは、あらかじめ覚悟しておく必要はあると思います。

哲学には専門領域がなく、あるのは言葉だけ。しかし、言葉で書かれているからといって、読めば誰でも理解できるかといえば、決してそういうことはありません。

もちろん、書いている人が悪いという事例もないわけではありませんが、ただ性急に、文章や書き方の問題にするのではなく、むしろ問題そのものを検討するためには、一体何が必要なのかを考えなければいけないのです。

しかし、できるだけ簡単に、わかりやすくという時代的な風潮を考えれば、今後はそれにあわせて書いた文章が哲学的な文章になるのかどうかということも検討していかなければならないのかもしれません。

哲学が抽象概念を使う理由

哲学の場合、目に見える対象を用意して、2つと3つを合わせると5になるといったように具体的な説明をすることよりも、そもそも2＋3というとき、2という数はどういうことなのか？　そもそも足すというのはどういうことなのか？といった具合に議論が進んでいきます。

そのため、抽象概念を使わざるを得ないことが多々あります。哲学の議論においてももちろん、〝例えば〟といって、できるだけ具体的にわかってもらえるように説明することはありますが、基本的には抽象概念で動きます。

なぜ抽象概念を用いるかと言えば、私たちが常識として捉えているものに対して、常識そのものを疑う形で議論が展開するため、言葉自体も、常識で使う言葉以外のもので議論することになり、結果として抽象化されてしまうからです。哲学の論文が読みにくい理由は、必ず抽象概念が出てくることも大きな理由のひとつになっています。

その抽象概念がどんな意味合いを持っているのかをイメージできないと、文章そのものを理解するのも難しくなってくるのです。統計を取ったり、実験をしたりして、ストレートに具体例を示すのとは異なり、抽象概念だけで説明しなければならないのが、哲学を難しくしている要因といってもよいでしょう。

哲学ならではの思考実験

さて、哲学とは切っても切れない関係にある〝思考実験〟ですが、一般的に思考実験と言うと、パズルのように何か突拍子もないようなものを問題として出して、その答えを導き出すものだと思っている人が少なくないです。

しかし、哲学で言うところの思考実験は、必ずしも答えを出すためではなく、問題そのものを考える際に、具体的な形で実験することができないから、それと同じモデルを作り出すために思考実験を行うわけです。つまり、フィールドを思考上に置き換えただけですから、実験を行ってもストレートに答えが導き出されるわけではありません。

このことは、哲学書を読む際、事前に覚悟しておくべきことで、そうでないと、「答えが出てこないじゃないか」「煙に巻いて話が終わった」といった感じで、不満が残るだけの結果になりかねないのです。なので、哲学の思考実験は、一般的にイメージされる思考実験とは異なるものであるということは、あらかじめ注意しておくべきだと思います。

哲学者が好む「そもそも〜」

〝当たり前〟、つまり〝基本的な前提〟を疑うというときに一番わかりやすい表現というのは、哲学の議論においては、「そもそも〜」という問いかけ、いわゆる〝ちゃぶ台返し〟です。ああでもない、こうでもないと議論している中で、前提そのものが間違っているのではないかと問い直すことによって、これまでの議論すべてがひっくり返されてしまう可能性は当然ありえるのです。

「そもそも〜」というワードは哲学者が好むフレーズで、「そもそも〜」から議論が始まることも少なくありません。これはプラトンの説明ですが、「こういう風にするのが真の友だちなんだ」といったとき、プラトン（書中ではソクラテス）は、「そもそも、真の友とはどういうことなのか？　さらに言うと、そもそも友だちとは一体どういうことなのか？」といった問い方をします。こういった問い方が、哲学において〝前提を疑う〟ということのひとつのやり方になっています。

「他者論」——他者の心をどう知るか？

哲学においてしばしば語られるのが「他者論」ですが、他人の心が理解できますか？　という話になると、当然誰もが、常識的に「わからない」と答えると思います。

「他人が何を考えているかはわからない」というのは常識といってもよいでしょう。しかし、哲学者の場合はそこに留まらず、「他人が考えているということを一体どうやって知ることができるか？」ということをまず問い、さらには「そもそも他人は考えているのかどうか？」といった感じで、考えているかどうかすら問うことができます。

私たちが知っているのは、身体の外側だけであり、もしかすると精巧なアンドロイドのように、ただ身体を一定の方向に動かしているだけかもしれません。つまり、「他人に心があるかどうか？」ということを疑うようなことすらありますし、さらにいえば、「心とは何か？」、それすらも問い直し、「自分に心はあるのか？」というところまで疑っていくのです。

このようにトコトンまで疑っていくのが、哲学のひとつのやり方なのです。

自分の見ている〝青〟と他人が見ている〝青〟が同じ〝青〟かどうかはわからないという話があります。基本的には、どのように見えていても問題はありません。例えば、私が〝緑〟といっているとき、もしかしたら見えているものは〝赤〟かもしれません。相手が〝緑〟といっているとき、〝青〟が見えているかもしれません。しかし、同じモノを見たとき、私は〝赤〟に見えていても〝緑〟と答え、相手は〝青〟に見えていて〝緑〟と答えたなら、これでも話は通じるわけです。それが、そうなっていないかどうかなんて、調べる方法はありません。

脳科学が発達している現在なら、神経細胞の動きを調べたらわかるのではないかという風に考える人がいるかもしれません。しかし、調べたところで、電流がどのように動いているかがわかる程度であり、その人にはどんな風に見えているかは、物理的なモノとして示すことはできません。

さらにいえば、その人に何かが見えているということすら疑うことができるわけです。同じように見えているのか、違う風に見えているのか、確かめる方法は基本的にはありません。にもかかわらず、私たちは同じように見えていると思って生活していますし、そうじゃないと生活していけないのです。

他人の心を理解できないことを知っておく

おそらく、どんなに考えても答えは出ないでしょう。逆に言えば、こういった答えの出ないことを議論し、探求し続けるのが哲学なのです。そもそも私たちが何かを見るとか、他人が見るとか、私と他人の違いだとか、他人の心を理解するとはどういうことなのかとか、そういった〝そもそも〟を考えていくのが哲学であり、それは基本的に何の意味もないことなのかというと、そんなこともないはずです。

例えば、こういった可能性をあらかじめ了解していれば、他人と理解し合うことができなくても、まったく気にする必要がないわけです。どうして自分のことを周りが理解してくれないのか？　という悩みを持っている人は少なくないと思います。

しかし、よくよく考えてみれば、それは当然のことで、他人の心を理解することなんてありえるわけがないと考えてみれば、そんな悩みなんて、非常にバカバカしいものだと思えるかもしれません。その意味で、哲学的な思考は、人の気持ちを開くひとつの方法になりうるものかもしれません。

カントの区分——人間とは何か？

「哲学とはどんなことをするのですか？」という話をするときに、やはり一定の枠組みのようなものは知っておきたいところです。昔からの伝統的な、大きな枠組みとして、「論理学」「自然学」、それから「道徳論」「倫理学」といった区分がありますが、それに対して、比較的わかりやすい区分として、〃カントの区分〃

というものがあります。

これは、問いの形で提起され、次のように表現されています。つまり、「私は何を知りうるか?」「私は何をなすべきなのか?」「私は何を望んでもよいか?」といった3つの区分になっており、おそらくカントの時代で考えると、「私は何を知りうるか?」は〝認識〟の問題、「私は何をなすべきなのか?」は〝道徳〟の問題、「私は何を望んでもよいか?」は〝宗教〟の問題であると考えられます。

この「私は」という言い方は、人間として私という意味であり、最終的には「人間とは何か?」という問いに収束、収斂されていくことになります。

「カントの区分」がどこまで妥当だとみなすかは別にして、非常に重要なのは「人間とは何か?」という問いかけです。この「人間とは何か?」というのは、哲学にとっては非常に大きな問題で、ある意味、中心にある問題なのです。

先程の他者の話も、すべて人間としての私が、他者としての人間をどう理解するかという問題に繋がるわけですし、「人間として何を知りうるか?」「人間として何をなすべきか？」「人間として何を望んでもよいか？」という形で、最終的には「人間とは何か？」という問題にたどり着く、このカントの区分方法も哲学のひとつの枠組みとして十分考えられるものだと言えるでしょう。

ただし、これはあくまでもひとつの方法、ひとつの区分であり、すべての結論になるものではありません。

倫理学は哲学の一分野

「私は何を知りうるか？」という知識の問題、難しく言えば認識の問題、「何をなすべきか？」という道徳の問題、倫理の問題、「何を望んでもよいか？」という、見えないものに対するひとつの信仰の問題といったカントの区分ですが、日本の場合、〝哲学〟と〝倫理学〟は別のものとして捉えられている可能性が非常に高いと思います。

何となく日本的な感覚だと、「何を知りうるか？」は存在論や認識論といった哲学だけど、「何をなすべきか？」という倫理学や道徳は哲学とは違うのではないかと思う人もいます。

ところが、欧米の哲学者は、倫理的な問題を議論しているときに、哲学をやっていないとは決して言いません。それは倫理学が、伝統的に哲学の一分野として考えられていたからであり、この点については、哲学を学ぶ上で、注意しておいたほうがよいかもしれません。

また、「何を望んでもよいか？」というのは、カントの時代であれば、間違いなく〝宗教論〟かもしれませんが、今の時代では〝幸福論〟などと言いかえることができるかもしれません。

第3章

哲学の歴史と概念を知っておこう①

哲学史を学ぶ意義

哲学の歴史を学ぶことは、哲学そのものを学ぶ上でも必須になっており、歴史的に哲学者の説を知ることなく、哲学に携わることはできません。歴史を知らずに哲学をするとなると、それはほとんど自分の感覚的な話をしているに過ぎません。哲学史を学ぶことは必須となっているのです。

もちろん、哲学史を学んで、哲学者の名前と簡単な略歴を読んだからといって、その人の哲学を理解できるわけではないのですが、まずは哲学への第一歩として、哲学者の名前を聞いて、少しでも興味が湧いたら、その哲学者の学説を少し調べてみるのもよいかもしれません。

その際に、特にオススメなのは、あまりボリュームのない書籍にあたるのがよいでしょう。例えば、最初からプラトンの「国家」などを読めと言われたら、確実に途中で心が折れてしまうと思います。

同じプラトンの書籍でも、200ページくらいの代表的なものがいくつかありますから、まずはそういったタイトルに触れることが、入門としては最適ではないかと思います。

哲学の歴史をどのように理解するか

哲学の歴史については、年表形式で学ぶこともちろんできますが、それだと、展開や流れなどが今ひとつ、頭の中には入ってこないと思います。具体的な哲学の展開については、改めてしっかりと学ぶことにして、まずは2500年くらいの歴史、ここでいうのは西洋哲学の歴史ですが、その見方について、いくつか典型的なものを紹介しておきましょう。

①哲学史はプラトン哲学の脚注

第一に、これはホワイトヘッドの言葉になりますが、

「哲学史はプラトン哲学のフットノート、いわゆる脚注である」

という言い方があります。

哲学の問題というのはすべてプラトンが論じており、その細かなところを議論しているのが、その後の哲学の歴史なのです。

つまり、ギリシャ哲学が最上のもので、後はそれを若干変形したり、あるいは様々な形で解説したりすることによって、その後の哲学の歴史は展開されてきたのだというわけです。

②メリーゴーランドのように同じ中心を回る

それとは別に、哲学というのは、基本的に同じ問題をメリーゴーランドのようにずっとぐるぐると回っているだけであるという説明もあります。

どれが上で、どれが下という話ではなく、問題そのものは基本的に共通であり、それを様々な観点から論じ合っているに過ぎないというわけです。過去の哲学を学んだからといって、決して古いものを学ぶことになるわけではなく、事実、プラトンは歴史的には2500年ほど昔の存在になるのですが、現代の私たちが読んでも、強い驚きがあったり、議論そのものが参考になったりします。

実際、現代の問題を考えるときに、プラトンやアリストテレス、あるいはそこから2000年くらいの時代を経たデカルトの哲学を引用して、理解したり、参考にしたりすることができるのは、やはり哲学がほとんど変わらない共通の問題を、ぐるぐると回って、考察したり、論じたりしているからにほかならないからである、というわけです。

これはある意味、哲学の問題には変化がないということで、逆に言えば、進歩もなければ、退歩もないということです。①で述べたホワイトヘッドの説明の場合、非常に強い言い方をすれば、哲学はプラトンの時代が最高のもので、だんだんと退歩、あるいは下降線を描いてきたといっているのに対して、2番目の説明は、まったく同じ問題をぐるぐると回っているのだから、進歩もなければ退歩もなく、絶えず共通の問題を議論しているという説明になっています。

③ミネルバのフクロウ説

最後に紹介する「ミネルバのフクロウ説」は、ヘーゲルの説になりますが、哲学というのは、その時代時代に独特の問題があり、その時代に提起された問題を考えるものである、という説明になります。

古代には古代の考え方があり、中世には中世の考え方があり、近代には近代の考え方があります。このことを、知恵の象徴ともいえる〝ミネルバのフクロウ〟に例え、ひとつの時代がちょうど終わろうとするときに、その時代を俯瞰する形で、時代が抱えてきた問題の本質を捉えようとして登場するのが哲学であるという考え方です。

ひとつの時代の終わりに出てくるということは、言いかえれば、新しい時代の始まりに姿を現すということであり、その意味で、時代の転換期に哲学が活発化する理由を、ミネルバのフクロウ説で考えると、非常にわかりやすいかもしれません。

哲学の共通性と特有の問題

これら3つの説は、どれが正しいというのではなく、いずれの側面も持ち合わせていると考えて間違いないものだと思います。プラトンの議論は、それ以降の時代も、〝批判〟、あるいは〝同意〟が、形を変えながら絶えず繰り返されてきています。

プラトンを抜きにして、哲学を理解することは不可能であり、もし言及していなかったとしても、それはおそらく知らないだけであり、細かく見ていけば、この議論は、ここでプラトンがやっている……といったことに必ず繋がるといっても過言ではないのです。

とはいえ、共通性を地盤としながらも、各時代において、特有の問題というものも存在しています。これらは、どれが正しいという問題ではなく、哲学における共通の問題と、そこから変化したもの、さらに言えば、その問題の由来など、基本となる議論がどこから生まれたのか……。そういったことを考えながら、哲学の歴史を眺めるというのも、哲学の歴史のひとつの見方なのです。

まずはプラトンから

もちろん、プラトンがすべての事象について語り尽くしているわけではありません。例えば、自然学などについては非常に神話的な形で議論しているということもあり、その意味では、〝万学の父〟と言われるアリストテレスのほうが、ほぼ全分野を網羅していることになります。

しかし、アリストテレスの議論における基本は、プラトン批判から始まっていますから、ある意味、プラトンとアリストテレスでほとんどを網羅することができてしまうのです。

もちろん、細かな部分の変化や、自然そのものの捉え方、社会をどう理解するか、道徳をどう理解するかといった細かな部分は、ギリシャ世界の事例だけで語り尽くすことができないのは、言うまでもないことでしょう。

そういった意味でも、哲学に初めて触れる場合は、まずプラトンの本を読んでみるのがよいのではないかと思います。〝プラトンの脚注〟であるという説明は別にしても、プラトンの語り方や議論の仕方が、その後の哲学における大きな源になっているのは間違いのないことなのです。

哲学史を分ける3つの転回

哲学史を見る場合、２つの軸で考えてみると、すべてを網羅するのは不可能であるとはいえ、非常に多くの哲学者を分類する、大きなイメージを作ることができます。

ひとつの軸として、時系列を貫くような縦軸の流れを大きく分けると、古代哲学、近代哲学、現代哲学といった分け方があります。ここにはさらに、中世哲学と呼ばれるものが加わってくるわけですが、この分け方で哲学史を語る際、古代にはこういう人たちがいて、近代にはこういう人たちがいたと語る前に、それぞれの哲学を大きな枠組みと捉えて、それぞれにどんな特色があるのかを見ることで、哲学の歴史を区切ってみようという試みがあります。

・20世紀は言語論的転回

特に現代、20世紀の後半くらいに、20世紀の哲学を〝言語論的転回〟という言い方をしたのですが、これは分析哲学や英米のアングロサクソン系哲学が、〝言葉〟、つまり〝言語〟に着目したということが、20世紀哲学のひとつの大きな流れだということで規定されたものです。

この命名はもともと、アングロサクソン系の哲学を定義したものだったのですが、フランス系やドイツ系の哲学にも使えるのではないかということで、20世紀の哲学全体を〝言語論的転回〟という形で位置付けることがコンセンサスになりました。

このコンセンサスが得られたことで、当然のように出てくる疑問が、その前の時代は何だったのか？　ということです。〝言語論的転回〟の前なので、言語論が批判した大きな流れを考えると、意識、知識、認識といったものを取り扱った哲学が浮かび上がってきます。

・近代は認識論的転回

ここは、イギリス系と大陸系で大きく分かれる部分ではあるのですが、この2つを合わせて、〝認識論的転回〟といった言い方がなされます。つまり、〝意識〟〝認識〟といったものに注目して、それを分析するという流れが、近代哲学のひとつの方向性となっているのです。

そうすると、16世紀以降、〝意識論的転回〟、あるいは〝認識論的転回〟が起こり、そして20世紀に差し掛かったときに〝言語論的転回〟が起こったというように、どの部分に着目して哲学の問題を考えるか……そうした形で、時代を大きく区分することができるのです。

・ギリシャ哲学は存在論的転回

そうなると、さらにその前の時代はどうなのか？　という疑問が当然のように起こってきます。それに対して、こういう〝転回〟という言葉を使う人の分類では、〝存在論的転回〟という言い方が使われています。

つまり、ギリシャ哲学というのは、存在とは何か？　あるいは世界は一体どうなっているのか？　という、いわゆる〝存在〟のあり方を分析するのが基本になっているという考え方です。実際、ハイデガーなどは、ギリシャのアリストテレスとプラトンは、存在を巡る非常に大きな議論を戦わせてきたのだという言い方をしています。

世界の見方が時代によって変化

こういった分け方をした場合、非常にわかりやすい説明をすると、若干の語弊もありますが、対象としての〝世界〟をどのように理解するかというのが、ギリシャにおけるひとつの大きな問題であり、近代になると、そうしたものを〝認識〟する私たちは、一体どのようにして知識が成立するのかを分析し、そして20

世紀になると、その知識というものは〝言語〟なくしてありえないのではないかという考えから、言語を分析することによって初めて知識のあり方が明らかになると考えたわけです。

つまり、対象としての存在、世界はどうなっているのかということを古代で研究したとするならば、それに対して、そういう対象としての存在を認識する、人間の認識のあり方はどうなっているのかを研究したのが近代であり、そうした認識のあり方は言語を通して初めて可能になるという考え方が20世紀になって生まれたと考えることができるのです。

中世哲学の抱える問題

このように、哲学の大きな枠組みとして、どこに着目して哲学を転回するかということを考えると、基本的には、〝存在論〟〝認識論〟そして〝言語論〟というのが大きな分け方として考えることができます。

この枠組みに従って、それぞれ〝古代〟〝近代〟〝現代〟という区分で考えると、「では〝中世〟はどうなるのか？」という疑問が起こり、ある種の不平が必ず出てきます。ところが、この〝中世〟という位置付けは非常に微妙で、考え方はいくつかあるのですが、中世哲学をひとつの項目として追加するかどうかは、依然として議論の分かれるところです。

もともと中世の哲学というのは、基本的にキリスト教が中心となっていることから、そのキリスト教中心の思想を哲学として考えるかどうかという問題があるのです。それを哲学であると考えた場合も、古代的な〝存在論〟のひとつとして理解されるケースも少なくありません。

それに対して、あくまでも独立した存在として、〝神学的転回〟と考えることもできるのですが、これはあまり支持された考え方ではありません。

とはいえ、古代の〝存在論的転回〟、中世の〝神学的転回〟、近代の〝認識論的転回〟、現代の〝言語論的転回〟といった4つの分類で考えたほうが、正しいか正しくないかはさておき、哲学の歴史を流れとして理解しやすくなるのではないかと思います。

神学と哲学の関係

〝中世哲学〟をどのように位置付けるかについてはまだまだ議論があり、〝キリスト教哲学〟という言い方で、中世の哲学として規定する研究者もいますが、「キリスト教思想は哲学ですか？」という疑問ももちろんあり、哲学ではないという人と、哲学であるという2つの議論も依然として残っています。

人によっては、神学を上位に位置付け、哲学のことを「神学の婢《はしため》」と表現するなど、神学を正当化する道具として哲学が利用される場合もあるのです。

その意味で、中世哲学の位置付けというのは、神学をどう位置付けるかという問題と密接に関わってくるため、かなりの緊張関係があり、ストレートにキリスト教哲学といって、「神学的に哲学をすることですね」と考えたとしても、やはり「それは哲学ですか?」という問いが必ず起こってくるのです。

このあたりの解釈は、哲学とは何か? つまり哲学をどう定義し、どう理解するかによって、大きく変わってくる部分ではあります。一般的に私たちが哲学を学ぶ場合でも、よほど中世の哲学にこだわる人でなければ、プラトン・アリストテレスの次は、近代のデカルトやロックまで話が飛び、中世に関してはほとんど触れないことが多々あります。

特に日本人の場合は、キリスト教そのものに対する素養がほとんどないこともあって、どのようにキリスト教を捉えたらよいかがわからないという問題もあるのです。

もちろん、ハイデガーのように、いわゆる〝キリスト教哲学〟で使用される概念を、ある意味、縦横無尽に駆使しながら哲学を展開する人もいますし、彼らにとってのヨーロッパはそもそもが中世であるという部分も否定できません。

日本人には少しわかりにくいのですが、ギリシャやローマは、いわゆるヨーロッパから考えると異教の存在であり、ヨーロッパを理解する場合、中世を除外してしまえば、近代以降になってしまうのです。近代以前の時代は、歴史的にも暗黒の時代と呼ばれ、闇の中に葬りさられることも珍しくないのです。

そういった意味で、中世の哲学をひとつの哲学として定義するかどうかは、非常に微妙なところで、議論の分かれるところであり、哲学というものをギリシャ的な、問題を掘り崩していくという形で考えれば、神学的なあり方は、いわゆる哲学からは遠ざかる可能性すらあると思われます。

その一方で、中世という時代は、古代のプラトンやアリストテレスの哲学を保存したり、聖地化した時代でもあるのです。特にトマス・アクイナスという人は、アリストテレス哲学の概念を使って、かなりきっちりとした形で議論を作っています。

また、誰かから襲われて、自分の命を守るために防衛したときに、その防衛行為によって相手が死んでしまった場合、それは殺人に当たるのか？　それはあくまでも緊急避難であり、殺すことを意図していない以上、致し方がないことではないかという、いわゆる〝自己防衛論〟と言われる、現代でも通用する議論の発端は、中世の時代に頻繁に行われており、それを無視してしまうのは非常に難しいという事実もあります。

中世におけるキリスト教の不可分性

中世哲学の研究者は、基本的にキリスト教徒であり、キリスト教の影響を除外して理解するのは難しいという側面も無視できません。近代以降の哲学については、キリスト教などの宗教の存在を是認しても、本当にこれは宗教を是認していることになるのか？　といった議論もたくさんあり、ある意味、宗教的にニュートラルな立場での議論も可能になっています。しかし、中世の哲学を、そういったニュートラルな立場で議論するのは、ほぼほぼ不可能と言ってもよいでしょう。

その意味で、中世哲学の文献を読んでも、その内容は、即座に納得できるものではないことが、特に日本人にとっては少なくありません。とはいえ、アウグスティヌスの『告白』は、いかにキリスト教徒になったかというところの告白的な本で、若者であれば誰もが経験するような、若者特有の無茶であったり、女性関係や性的な逸脱であったりを赤裸々に明かし、それに対する反省や改心のようなものが書かれた内容になっているので、比較的わかりやすく読み進めることができます。

ただ、それをひとつの哲学としての枠組みに収めることができるかどうかについては、未だに多くの議論が残っており、その意味では、無視はできないけれどあえてカテゴライズするほどでもないというのが、現状での位置付けといえるかもしれません。

第4章

哲学の歴史と概念を知っておこう②

哲学史を貫く合理主義と経験主義

〝存在論的転回〟〝認識論的転回〟〝言語論的転回〟として、縦の系列を考えた場合、各転回は、大きく分けて2つの立場の中で揺れ動いていて、いずれかの議論の中に収めることができます。この2つというのは、「理性主義」や「合理主義」と呼ばれる立場と、「経験主義」と呼ばれる立場になります。これを、哲学史のもうひとつの軸として、横の系列と呼んでおきます。

私たちが物事を知るのは、経験を通して、そこから〝知識〟が生み出されているという立場が「経験主義」であり、知識そのものを成立させるのは、経験からではなく、私たちが生得的に生まれ持ったひとつの能力、知性的な能力によって、それが理解できるんだという考え方が「理性主義」あるいは「合理主義」と呼ばれるものです。

これは哲学に限らず、例えば言葉の問題にしても、具体的な経験を通して言葉を学ぶという考え方もあれば、逆に、そうしたことができるのは、もともと人間には言葉を運用する能力が先天的に備わっているからであり、それが備わっていなければ言葉をそもそも運用することができないという考え方もあり、この点においても、「合理主義」なのか「経験主義」なのかは、非常に大きな対立項となっているのです。

古代ギリシャから続く対立項

この2つの対立項の発端となるのは、ギリシャのプラトンとアリストテレスです。ライプニッツが書いた『人間知性新論』は、ロックの『人間知性論』に対する批判書であり、その内容は丸ごとロックへの批判になっているのですが、その序文において、「知性論の著者(ロック)は、私の称賛する多くの見事な事柄を述べているけれども、私たち二人の学説は大きく異なっている。彼の説はアリストテレスに近く、私の説はプラトンに近い」と述べています。

プラトン・アリストテレスの説と、ライプニッツ・ロックの説は、様々なところで違いがありますが、それにもかかわらず、大きく分けると、ロックの考え方はアリストテレスの系統に属し、ライプニッツの理論はプラトンに属するというわけです。

この流れにおいては、プラトンは「理性主義」「合理主義」の立場であり、アリストテレスは「経験主義」の立場で語られます。もちろん、細かな批判はたくさんあり、アリストテレスは単純な経験主義ではないと否定する人も少なくありません。

しかし、歴史的な伝統として考えると、プラトンが合理主義、アリストテレスが経験主義を代表するという流れで理解されており、この流れは、中世も近代も、おそらくは現代にも適応される分け方になっています。

これは哲学に留まらず、例えばＡＩの発展を考えるときも、理性主義的な規則主義で進むのか？　あるいは経験主義的なディープラーニングの方向で行くのか？　こういった流れは絶えず続いており、この２つを対立項として横軸に置けば、全体的な見通しが付きやすくなるのは間違いないと思います。

①古代哲学：プラトンとアリストテレス

それでは、具体的に各時代での流れを見ていきましょう。古代哲学は、当然、プラトンの合理主義とアリストテレスの経験主義の対立です。ここでプラトンを合理主義だというのは、プラトン哲学においては「イデア論」が一番基本的な部分になるからです。

プラトンのイデア論

イデア論を厳密に考えると、かなり微妙な部分は残りますが、通俗的な形で捉えれば、イデアは一般的な概念、普遍概念を示しています。

もともとイデアは、英語の〝アイデア〟の元になっている言葉です。わかりやすいイメージで言えば、例えば「犬」というものをどうやって知るかというときに、個々の具体的な「犬」を集めて、それから要素を抽出して、共通なものを集めたものが「犬」であるというのが経験主義的な説明になるのですが、個々の「犬」を集めて……と言うときに、すでに私たちは「犬」という概念を前提にしてしまっているわけです。

つまり、集めるべき対象が「犬」であることをあらかじめ知っている必要がありますし、共通するモノを抽出する際も、何を共通であるとみなすかについては、ある程度の普遍概念を前提にする必要があるのです。

イデアは普遍的なものであり、ある意味、概念ですから、直接的に目で見ることはできません。それに対して個々のモノ、つまりポチも「犬」、シロも「犬」、タロウも「犬」だと私たちが理解できるのは、その普遍的な「犬」のイデアをそれぞれの個々が分有しているからであり、だからこそ私たちは個々のモノが「犬」であると理解できるのだという説明になります。

「イデア」は先天概念

それでは、その大本となるイデアを、人はどうやって知ることができるのかといえば、それはあくまでも先天的なものであると説明されます。私たちが経験から生み出したのではなく、すでにそのイデアを生まれる前から持っているというわけで、後の世で言うところの〝先天概念〟のように、人から教えられることなく、生まれる前から持っている概念のように語られます。

例えば、プラトンは『メノン』という本において、数学の問題を、数学の知識のない子供に対して問いかけ続けることによって、最終的に子供が自ら答えを導き出すという流れに持っていきます。

これによって、知識というものは教えられなくてもすでに持っていること、しかし、生まれてくるときにすべてを忘却してしまっていること、すなわち知識とは学ぶものではなく、すべて思い出すものであることが説明されています。

なお、プラトンの語る「イデア」は、どちらかというと、すべてのモノを包括する天上界のようなイメージで、頭の中にある観念ではなく、モノの原型のような形で考えていたようですが、このような考え方を「合理主義」「理性主義」として定義するのが一般的な捉え方になっています。

経験から出発するアリストテレス

それに対してアリストテレスは、個々のものから超越した、普遍的なイデアのような存在は認めません。むしろ、個々の具体的なものをどうやって説明するかが重要で、いわば現実的なもの、経験的なものから出発しようという立場にあるのです。

アリストテレスの非常に有名な比喩に、心というものは、もともと何も書かれていない白板（タブラ・ラサ）のようなもので、経験を通して、その白板に様々なモノが書き込まれていく、というものがあります。

これは後世に作られた言葉と言われますが、結局のところ、プラトンが言うように、最初から私たちがイデアを持っているということに対する批判であり、アリストテレスの場合は、形を作る本質的なものとしての形相（エイドス）と質料（ヒュレー）があり、質料を形相が規定することで個々のものが成立するとしており、少なくとも、個々のモノとは別のどこかにイデアが存在するといった考え方は否定しています。

その意味で、アリストテレスは、自然学にしても、法学にしても、政治学にしても、非常に具体的で、経験的なものをすべて積み重ねながら学問を作っていくという大きな流れを作った人物であるということができるのです。

「論理学の父」としての功績

ここで、哲学はもちろんのこと、後世のあらゆる学問に多大な影響を及ぼしたアリストテレスについて、少しお話ししておきましょう。

アリストテレスは〝論理学の父〟と呼ばれることもあり、カントが「アリストテレス以降、論理学は2000年間、進歩しなかった」というように、私たちが依然として利用する「三段論法」を作ったのもアリストテレスですし、学問の基本的な概念、例えば「カテゴリー」といった言葉も、基本的にはアリストテレスが作った言葉になります。

「メタフィジカ」の意味するところ

アリストテレスを語る際に無視できない「形而上学」ですが、もともとの言葉である「メタフィジカ」は、アリストテレス全集において、唯一、何を語っているかの説明がなされていませんでした。

自然について語っているのが「自然学」、政治について語っているのが「政治学」といったように、それぞれの巻に改めて名前をつけるにあたり、意見が分かれたのがこの「メタフィジカ」なのです。

この「メタ」という言葉には、「後」という意味と「超える」という意味があるのですが、「メタフィジカ」が、偶然的にも「自然学（フィジカ）」の次の巻であったことから、単に「自然学」の次の本であるという意味での「メタフィジカ」という捉え方がある一方で、「自然学」という目に見えるものを超えて、根本的なものを論じる学問であるという意味で「哲学」を位置付けたという捉え方もあります。

そして日本では、「形而上学」という、形を超える、すなわち自然的、経験的な世界を超えるようなものを研究する〝哲学〟として位置付けられたのです。

存在するとは何か？

「存在論」という言葉自体は、アリストテレスが作ったものではありませんが、例えば哲学の対象として、「存在とは何か？」について研究するという言い方をした場合、基本的に、私たちが何かを研究するときには、具体的な存在、つまり自然にあるもの、社会的にあるもの、人工的に作られたもの、そういった様々な領域があります。

しかし、それぞれの領域を超えて、そもそも全体として、それらが存在するとすれば、それはどういう意味なのか？　そういう意味での「存在する」とは何か？　この問いかけを作ったのもアリストテレスなのです。

カテゴリー、つまり領域を分けるというのもアリストテレスが作り、その領域全体をひとまとめにして、共通にあるものを考えたのもアリストテレスであり、その意味で言えば、アリストテレスこそが私たちの思考過程、考え方の基本を作り上げた中心人物のひとりであることは間違いがないでしょう。

プラトンとアリストテレスの書籍

プラトンの書籍は、基本的にほとんどが対話篇なので、戯曲を読むように、わりと面白く読むことができます。それに対して、アリストテレスの書籍は、彼が教えた学園における講義録であり、延々と説明文が続くだけなので、少しも面白くありません。

おそらく、非常に厳密な議論をしようとした結果ではあるのですが、実際に読んでみると、ほんの数ページで沈没してしまうことでしょう。面白くもなければ、一体何のことをいっているのかもよくわかりません。

そもそもアリストテレスの本は、先にも述べたとおり、学園に学びに来る学生を対象としており、一般的な読者は対象にしていません。その意味では無味乾燥な書き方になっています。

それに対してプラトンの場合は、多くの人に訴えることを前提に書いていることもあって、非常にわかりやすい話し言葉で展開されており、現代人にとっても生き生きと描かれているので、非常に読みやすいと思います。

そのため、哲学に初めて触れるような人は、まずプラトンの「対話篇」の短いものを読むのが一番よいと思います。もしアリストテレスが、一般人を対象にして書いていれば、あんな文章は書いていなかったはずで、とても読みやすい本になっていたかもしれませんが、今となってはどうしようもないところです。

とはいえ、哲学の基本を学ぶ上で、アリストテレスを無視するわけにはいかないのも事実です。なので、アリストテレスの本に触れる場合は、いわゆる「クリティカルシンキング」の原型でもある『弁論術』など、まずは読みやすい本から入っていくのをオススメします。

②中世哲学：アウグスティヌスとトマス・アクイナス

「中世哲学」において、プラトン的な考え方、いわゆる「合理主義」を受け継いだのがアウグスティヌスです。その考え方は、特に「新プラトン主義」と呼ばれるものなのですが、実のところ、プラトンのオリジナルの哲学は、アウグスティヌスの時代には一部しか伝わっておらず、失われた存在になっていました。アウグスティヌスもラテン語が母語であったため、ギリシャ語ではプラトンを読んでいなかったと言われています。

ラテン語による文献というのは、プラトン自身の説というよりも、その当時流行っていた「新プラトン主義」の考え方に則ったものになります。プラトンによる原書というより、むしろ伝承という形でプラトン哲学は伝わっていたのです。

その中で、神の国と地上の国という二世界説を唱えたアウグスティヌスの「神の国」は、プラトンのいうイデアの世界のようなイメージで描かれていますが、アウグスティヌスの場合は、そういった形で、自分たちのキリスト教の理論と、プラトンのイデア界のようなものを重ね合わせていったのです。

トマス・アクイナスが「スコラ哲学」を体系化

それに対して、トマス・アクイナスは「スコラ哲学」を体系化した人なのですが、この「スコラ」というのは「学校」を意味しています。

彼は、パリ大学で教授として教鞭を振るっていましたが、大学で教えるわけですから、単純に聖書ではこうなっていますといったことではなく、聖書の教えをいかに理論化するかが重要で、彼はその理論化において、利用したと言うと語弊がありますが、アリストテレスの理論を使ったのです。

アリストテレスは、万学に対する研究を行っており、彼の理論は、すべてのものをある程度語ることができるので、非常に使いやすかったのだと思われます。

さらに、この少し前に、アラビア世界からアリストテレス哲学が輸入され、そこで初めて、ヨーロッパ世界がアリストテレス全集を知ることになったというのも見逃せないところです。

実際、それより前の世代のアウグスティヌスはアリストテレスのことをそれほど知りませんでした。そういった歴史的な経緯もあって、それを活かした「スコラ哲学」が興ったのですが、もし彼らがいなければ、おそらくアリストテレスが後世に語り継がれることはなかっただろうと言われています。

神学と矛盾しない自然学

当時のアラビア世界から伝えられたアリストテレスを理論化し、それを自分たちの神学的な議論と調和させる形で自分たちの哲学を作り上げたことから、トマス・アクイナスは、完璧なアリストテレス主義者だと言われています。

中世哲学というと、自然学や物理学的なものについては手薄なような印象がありますが、そんなことは決してなく、自分たちが観察した事柄をアリストテレスの自然学と組み合わせて、神学と矛盾せずに、うまく説明できるように複雑に作り上げています。逆に言えば、そんなに複雑に説明する必要がないというのが、近代科学の出発点であるとも言われているのです。

歴史的な偶然性も左右

このように、アウグスティヌスは「新プラトン主義」と言われるプラトンの系列に属し、トマス・アクイナスはアリストテレスの系列に属することから、合理主義と経験主義の対比にもうまく合致させることができるのですが、時代的に彼らはまったく異なっていて、決して同時代の対立にはなっていません。

とはいえ、中世の始まりに位置するアウグスティヌスと、中世がピークを迎えた後のトマス・アクイナスという対比で考えれば、二人の意義というのもわかりやすくなるのではないかと思います。アリストテレスをあまり知らなかったアウグスティヌスとアリストテレスを十分に知っていたトマス・アクイナス。二人の考え方は、歴史的な偶然性にも大きく左右されているわけです。

なお、先にも述べたとおり、「中世哲学」という位置付けについては議論が分かれるところではありますが、少なくとも、中世哲学がなければ、プラトンやアリストテレスが後世に伝わることがなかったのもひとつの事実であり、彼らを神学の中に取り入れて、理論化することによって、ギリシャ哲学は残ったという意味では、中世哲学は、決して無視することができない存在なのです。

③近代哲学：大陸合理論とイギリス経験論

「近代哲学」には昔から、〝イギリス経験論〟と〝大陸合理論〟という分け方があり、これが延々と続いていきます。

逆に言うと、この2つの流れ自身は、プラトンとアリストテレスの時代からあったと見ることもできますが、大陸合理論とイギリス経験論の対立は、16世紀くらいからずっと続いていて、20世紀末になってリチャード・ローティらが、この2つの対立がそろそろ終わろうとしている、といったようなことを言っています。

その意味で、ヨーロッパの近代哲学はこの2つの対立図式であり、この中でずっと推移してきたということができます。

「知識をどのようにして獲得するか？」と言ったとき、非常に大雑把な言い方ですが、大陸合理論の場合は、もちろん経験から学ぶこともあるが、一番基本的なもの、これを〝生得観念〟と呼ぶのですが、プラトンで言うところの〝イデア〟に相当するものを私たちはすでに持っており、その〝生得観念〟は、決して経験によって得られるものではないという考え方をします。

それに対して、イギリス経験論は、そうした生得観念なんてものは存在せず、むしろ経験からそれを抽象化していくことで、一般的な観念を作り上げていくのだ、という考え方になります。

自然科学への影響

実はこの2つの考え方は自然科学に対しても大きな影響を与えています。特に大陸合理論は数学が近いかもしれません。大陸合理論で有名なデカルトはデカルト座標で知られる数学者ですし、ライプニッツも微積に関する数学者です。ある意味、数学というのは、経験をあまり前提にしなくても観念だけで動ける世界ですから、大陸合理論の哲学者たちが同時に数学者であったというのは、とても理解できることです。

一方、イギリス経験論の場合、自然科学や物理学のようなものを考えれば、当然、数学的なものだけでは立ち行かなくなるものへの影響があるほか、その当時のイギリス経験論者は、道徳や社会的な政府のあり方を考えるような方向性があります。

〝イギリス経験論の父〟と呼ばれるロックや『リヴァイアサン』のホッブズらはこちらのほうが有名で、ホッブズは、「人間というのはそれぞれ狼に対する狼」みたいな形で、政府はある程度、確固としたものを作らなければいけないといったことを主張していますし、ロックの基本的な発想は、私たちの社会や所有についての考え、自由観の前提のようなものを作り上げていたりします。

近代哲学による批判

またベーコンは、中世の哲学がアリストテレスに基づいているということから、アリストテレス批判を展開しています。アリストテレスの理論に基づくのではなく、むしろ自分自身の目によって、自分自身が実験したものこそが、基本的に真実であるという考え方で、それ以外の知識は偶像を意味する〝イドラ〟を作り上げて、世の中を間違った形で理解してしまうという分析を行ったりしています。

近代哲学というのは基本的に中世批判であり、スコラ哲学批判です。スコラ哲学というのは、アリストテレスを踏襲しているのにもかかわらず、理論だけですべてを説明しようとするところがありました。

例えば、神様の問題でも、なぜ神が存在するか？　というときに、これは非常に有名な〝神の存在論的証明〟というのですが、〝神は絶対的な能力を持っているとしたとき、絶対的な能力を持ったものが存在しないと考えれば、何かが欠けていることになるが、欠けていることがないということが絶対的な能力を持つことになるから、神は存在する〟といった感じで理論化を行います。一事が万事、こういった展開になるため、〝スコラ的な理論〟というのは、こじつけで理屈をこね回して正当化する……みたいなイメージを、近代哲学者はみんな持っていました。

実際のところ、アリストテレスが純粋な経験論者ではなかったというのは当たり前の話ではあるのですが、スコラ哲学にはアリストテレスの経験論的な部分と結びついて発展した側面があるため、誤解が生じた部分もあるのです。

④ドイツ観念論：カントとヘーゲル

このように、哲学の伝統として、大陸合理論とイギリス経験論という2つの流れがずっと続いていたのですが、カントがこの2つを基本的に合一したというのが、日本ではよく言われる図式になっています。教科書などを見ると、大陸合理論とイギリス経験論という2つの流れが、カントの中で合流したという説明の仕方がなされ、この説明が100年以上続いていました。

カント自身、「すべての知識は経験から始まるが、経験によってすべての認識が完成するわけではない」というようなことを言っています。つまり、経験のない合理的な理論だけでは立ち行かないが、経験だけですべてがうまくいくわけではない……だからこそ、経験と合理的な理論をうまい形で合流させようという、いかにもドイツの哲学者らしい考え方をしました。

そのため、一時期、ドイツ哲学というのは、イギリス経験論と大陸合理論をいわば統一したものだという風に理解されたのですが、これはあまりにもカント的なものの見方を基本に考えすぎているといって批判されています。ただ、日本ではカントの説明がずっと100年くらい続けられてきたので、ほとんどの哲学の教科書にはそのような説明の仕方がなされています。

もちろん、歴史の流れとしてはカントが経験論と合理論を合流させたわけですし、カント自身もそう思っていたのです。カント自身はもともと、ライプニッツやその弟子のヴォルフらによる合理論の流れにいて、そこで哲学を形成していたのですが、「独断のまどろみから目を覚まされた」といって、イギリス経験論のヒュームを通して、合理論だけではうまくいかないことに気づき、自分の今までの理論に対して反省するに至ったのです。

経験論の限界

カントがどのように経験論と合理論を合流させようとしたかというと、私たちの知識はどのように成立するかと言った場合、当然経験から始まるのですが、経験ですべてが説明できるわけではないというとき、それに対して、合理論的な説明も必要だという言い方をします。

わかりやすい例を挙げると、リンゴの木からリンゴが落ちた場合、重みに耐えかねて落ちたのだと考えて、今、上から下に落ちたから、次も上から下に落ちるだろうと考えます。

そして、次の日も上から下に落ち、その次の日も上から下に落ちたとすると、リンゴというものは上から下に落ちるものとして考えることができるかもしれませんが、経験論的に言うと、それはあくまでも、次もまたそうなるかもしれない、あるいはそうなることが多いだろうと言えるだけで、それは〝蓋然性《がいぜん》〟と言えるに過ぎないのです。

つまり、蓋然性ということは経験的に言うことができても、それが必ず落ちると説明することは基本的に不可能なのです。

それを説明するものは何かと言うと、いわゆる〝万有引力〟などの知識（理論）であり、これはカントの言い方ですが、その知識を対象のうちに〝投げ入れて〟、その知識を通して対象を見ることによって、必ずこうなるというような法則を見出すことが可能になるのです。何の知識もない人がただ漠然と観察していても、絶対に理論などは生まれてきません。

理論として私たちがちゃんとした形で法則化できるのは、あらかじめ理論と知識を持ち、もしかしたらこうかもしれないという理論や知識を対象のうちに投げ入れて、確認することで、初めて法則化ができるのです。投げ入れる理論や知識がなければ、十分な観察データを集めることもできません。

そして、おかしなデータが見つかったときに、それがおかしいと思えるのは、あらかじめ知識を持っているからです。すなわち、対象を認識するためには、経験とは独立した形で理論を持っておかないといけないのです。これが、経験だけではうまくいかないというカントの説明であり、20世紀の哲学者たちが、〝構成主義〟、あるいは〝構築主義〟と呼ぶのは、こういった考え方になります。

構成主義の誕生

この〝構成主義〟というカントの考え方は、20世紀においては、〝言語相対主義〟に形を変えます。言葉が違えば、私たちが見るものも違うという考え方は、カントが言うところの、〝認識（カテゴリー）〟を〝言語〟に置き換えたもので、言語を通して、ものを見ることになるわけですから、ある意味、カントの考え方を踏襲しつつ、知らず知らずのうちに、言語とか文化などへの読み替えを行っているのです。

昨日は太陽が東から昇って西に沈んだ。今日も東から昇って西に沈んだ。たぶん明日も東から昇って西に沈むだろう。これは今までの経験からの推論になるわけですが、必ずそうなるか？　と言われると、必ずとは言えないというのがカントの基本的な発想の始まりです。それでは、〝必ず〟と言えるものは一体何か？

これを〝必然性〟と言い、必然的にそうだと言えるものは何かと言うと、私たちが知識を対象のうちに投げ入れたところからしか生じないというわけです。

ドイツ語による哲学の始まり

カントの功績のひとつに、ドイツ語の使用というものがあります。カント以前のドイツ哲学は、ライプニッツのようにラテン語を使うか、洗練されたフランス語を使うのが一般的で、田舎言葉のようにみなされていたドイツ語が使われることはありませんでした。それに対してカントは、ドイツ語で初めて哲学を書いたという風に言われています。

そのため、近代以降の哲学では、カントが作り出した用語が多数使われるようになりました。「超越論的〜」という言い方もカントが作った言葉ですし、〝物自体〟という言い方もカントです。彼は意図的にドイツ語を使い、哲学を表現しました。

カント以降のヘーゲルもそうですが、ドイツの哲学者はドイツ語で語ることを非常に強く主張しました。これはある意味、「後進国のナショナリズムの現れ」だとする人もいます。これまで、文化といえば、世界共通語のラテン語、あるいは一番発達しているフランス語で語るのが一般的であり、学問的であったのに対し、ヨーロッパの中では遅れていたドイツにおいて、ドイツ語で表現しようという動きが活発化したのです。

カントの研究者の中には、「後進国の優位性」と表現する人もいます。はたしてそれが〝優位〟かどうかは別にして、少なくとも彼らの中にドイツ語で語るという強い意志、意欲があったのは確かなことで、それはおそらく、聖書をルターがドイツ語に翻訳したのと同じような流れだったのではないかと思います。

また、その結果として、ドイツの哲学者とドイツの哲学を研究している人の中では、大陸合理論とイギリス経験論の2つを統合したドイツの哲学こそが頂点であるような感覚を持つこともありましたし、明治以降、日本に伝わったときには、だいたいこういった図式で哲学の流れが説明されたのです。

ドイツ観念論の誕生

カントはフランス革命の時代の人なのですが、大陸合理論とイギリス経験論を合流させたというだけでなく、人間のあり方、認識のあり方、あるいは人間の自由のあり方など、道徳に関する考え方にも特徴的なものがありました。そうしたカントを、いわば出発点にして、同じ世代の若い哲学者が続々と登場し、カント、フィヒテ、シェリング、ヘーゲルらによるドイツ観念論が生まれたのです。

ドイツ観念論というのは、合理論だけでは経験的なものが説明できないというところから、経験的なものも説明しますよという、今風に言えば、いいとこ取りをしようという考え方で、カントから始まり、ヘーゲルが完成させたというのが、ひとつの図式になっています。カントの研究をしている人の中には、何も完成させていないし、余計にひどくなったという言い方をする人もいますが、いずれにせよ、そのように語られるのが一般的になっています。

カントとヘーゲルを対比させたとき、ヘーゲルは自分のことをアリストテレス主義者であると呼んでいたのに対し、カントはプラトン主義者だとみなされることがあります。ヘーゲルが経験論者であるかどうかは多数の批判もあるのですが、いずれにせよ、カントからヘーゲルに至るドイツ観念論が、ドイツ哲学における理論的なひとつの頂点に達したといえるかもしれません。

⑤ポストヘーゲル哲学：マルクスとニーチェ

近代哲学と現代哲学の境界は、ヘーゲル以前、以降で分かれます。というのも、ヘーゲルによって、哲学の理論的な意味での全体化がほとんど終わったと言われるからです。

ここで言う、「ポストヘーゲル哲学」というのは、「マルクス主義」と「実存主義」の2つで、ヘーゲルのように理論的な体系化を行ったところで、現実は少しも変わらないというのがマルクス主義であり、理論をどんなに完成させたところで、この私の苦痛、この私の悩み、この私の問題は何も解決しない。理論を作るのは結構なことだけれど、そんなものを作っても何も解決しないというのが実存主義の発想になります。

そういう意味では、ヘーゲル以降というのは、現代的な流れを形作っていて、現代の哲学者というのは、英米系を除けば、ほとんどがマルクスかニーチェを源にしています。

次の章では、ヘーゲル以降の20世紀の哲学の流れについて解説します。

コラム①

意外と現実的な「イデア論」

コラムでは、本文の解説の流れに収まりきらなかった話で、読者が知っておくと役に立つ、有益なことについて、いくつか触れておきたいと思います。

プラトンはイデアについて、個々のものよりも先にあるもの、先に私たちが理解しているものと説明しています。なぜなら、イデアを理解することなく、個々のものは理解できないという発想だからです。その意味で、イデアが個々のものとは別に、独立した形で存在すると言うと、非常に抽象的なように見えますが、ひとつずつ考えてみると、かなり現実的な形で理解できるのです。

これを現代の話に置き換えてみましょう。ＡＩの技術であるディープラーニングは経験主義だと言われます。例えば、「猫」とはどういうものかを教えなくても、多数の画像をスキャンすることで、「猫」を認識することができるようになると言うのです。そして実際、その成功が非常に大きなことのように言われています。

しかし、ＡＩの研究者に聞くと、実はその画像のすべてに、猫の姿が映っていると言うのです。つまりAIは、たくさんの「猫」を見て、そこから「猫」の特徴を導き出しているのであり、もし「猫」が写っている画像と写っていない画像をまったくランダムに見せたとすると、おそらくその中に「猫」が写っている画像はほんの数%に過ぎないことになるので、そこから「猫」を認識するのは、非常に難しいと思われます。

ディープラーニングと言えば、先にも述べた抽象理論のイメージなのですが、すでに「猫」が写っている画像が集められている段階で、人間による選別という意味での「イデア」が先立っているということになってしまうのです。

第5章

20世紀における哲学の3大潮流

現代哲学における新たな分類

19世紀の初めに興ったヘーゲル哲学は、続くマルクスとニーチェによる批判を経て、世紀末まで続くのですが、20世紀になり、新たに3つの潮流が生まれました。私が若い頃、大学院の入試問題に、「現代哲学の三潮流を挙げて、その内容と問題点を説明しなさい」という問題があったのを思い出しますが、およそ20世紀の哲学は、〝実存主義〟と〝マルクス主義〟、そして〝分析哲学〟といった3つに分類されます。

〝実存主義〟はもともとデンマークのキルケゴールが始めたのですが、積極的には20世紀になってドイツあたりで議論されました。この流れを受けて、第二次世界大戦後には、フランスのサルトルらが中心的な役割を果たしました。そして、マルクス主義はドイツ、分析哲学は英米系で発展しました。

なお、〝分析哲学〟については、新しい経験主義といった言い方で、経験論の流れの中にあるとも言われますが、少なくとも20世紀の前半においては、実存主義、マルクス主義、分析哲学という分け方で理解されることが主流でした。

この中で、実存主義は1960年代くらいで流行が終わり、マルクス主義にしても、ソビエト連邦を含め、1970年代くらいには社会的な後退が始まっており、20世紀末には、分析哲学しか残っていないような状況になりました。この分析哲学は、別名〝科学哲学〟とも呼ばれ、科学の基礎付けのような形で行われていた哲学です。

一方、サルトルを中心にフランスで盛り上がった実存主義は、その後、構造主義、ポスト構造主義のような形で、華やかな展開を見せましたが、一方のマルクス主義は、それ以降もずっと凋落を押し止めることが難しくなりました。つまり、1970年代以降、ポストモダンとかポストモダニズムと呼ばれるものが流行する中、実存主義は構造主義、ポスト構造主義へと変化し、マルクス主義は凋落するという流れになったのです。

言語論に基づいた哲学理論

このポストモダン、あるいはポストモダニズムという大きな傾向を踏まえておいたほうがよいのは、これが〝相対主義〟だからです。

20世紀末には、哲学としての理論的な権威のようなものはほとんどなくなっていたのですが、様々な議論が展開される中で、ひとつの大きな共通の流行のようなものがあったとすれば、それはおそらく〝相対主義〟という流れで、ポスト構造主義と結びついて、展開されていきました。

その一方で、現代哲学は〝言語論的転回〟という枠組みになるという話を少し前にしましたが、この〝言語論的転回〟というのは、もともと分析哲学を特徴づける表現でした。

しかし、構造主義やポスト構造主義も、言語学に基づいて、自分たちの理論を展開しましたし、フランスやドイツの哲学は、それぞれ言語に基づきながら、哲学を展開するという傾向が強くなりました。

改めて20世紀の哲学を眺めてみると、英米系の流れをくむ〝分析哲学〟は、言語に着目して理論を展開するのですが、フランスやドイツの哲学も同じように言語に着目し始めたのです。

ドイツでは、例えばハイデガーの影響から解釈学が提唱されましたが、この解釈学も、やはり言語を中心とした理論展開が特徴となっており、そういった意味では、20世紀の哲学は、総じて、言葉や言語に着目した時代であったという捉え方ができます。

言語を通して世界を認識

何かを認識するというのは、カントの場合はカテゴリー（概念）で、それが対象を構成する、あるいは認識するときのひとつの手がかりになります。そのカテゴリーにあたるものが〝言語〟であると理解したのが、20世紀の言語論的転回の基本になります。つまり、カントが人間はカテゴリーを通して世界を認識すると言ったものが、むしろ人間は言語を通して世界を認識するといった言い方にそのまま置き換わったと言えるのです。

そこには非常に大きな進歩と問題点があって、カントが言うところの〝カテゴリー〟は、すべての人間に共通のものとなります。つまり、ドイツ語とかフランス語とかは関係なく、基本的にカテゴリーというのは、人間が理性として持っているものとしては共通であるというのがカントの発想です。ところが、この発想を実はヘーゲルが若干変更しました。

これは非常にドイツ的な特徴でもあるのですが、〝民族精神〟のような言い方をし始めたのです。つまり、カテゴリーによってみんなが同じ認識をするというのがカントの発想だったのに対し、民族精神によって認識の仕方が変わるといった風にヘーゲルが変えてしまったわけです。

この変化は、20世紀の〝言語論的転回〟にも非常に強く働き出します。言語といっても当初は、あくまでも論理的なものとして考えられていたので、どの民族とか、どの社会といったことはほとんど関係なく、あくまでも言語を通してモノを理解するという発想でした。これが20世紀になり、言語学が生まれるのと相まって、言葉が違えば、モノの見方や理解の仕方が変わるという考えに変化していったのです。

これを〝言語相対主義〟というのですが、言語を通してモノを理解すると言ったとき、最初は普遍的な言語性という発想だったところが、それぞれの言語という形で、言語が相対化されてくることによって、例えば日本語を使って理解する場合と、英語を使って理解する場合と、インドの言葉を使って理解する場合とで比較すると、言葉が違えば、同じモノを見ても基本的な理解の仕方が違ってくるだろうという話になり、相対主義的な理解というものが、20世紀になって非常に強く主張され始めたのです。

これには、文化人類学の発展も大きく影響しました。ヨーロッパの先進諸国が感じるようなものの理解の仕方と、例えばラテンアメリカやオセアニアの先住民族の理解の仕方が基本的に異なるように、文化の違いによって、ものの理解の仕方が変わるというように考えられたわけです。

カントの「サングラス論」

カントの認識論は、カテゴリーをサングラスに例えて、「サングラス論」などと呼ばれることがあります。つまりサングラスをかけてものを見れば、そのサングラスの色合いによって見え方が変わります。

基本的にカントの考え方は、そういった形で導入されたのですが、20世紀になると、サングラスにはいろいろな色があるのだから、この民族のサングラスとこの民族のサングラスは違うはずであり、そうすると、当然のように、みんな違うサングラスをかけてものを見た場合、一体全体、共通の理解は可能なのかどうか？　はたしてどの見え方が正しいのか？　という疑問が生じるわけですが、20世紀風の考え方で言えば、それは言語によって理解の仕方が異なるのだから、どれが正しいかなんて言えない……そういった答え方になるのです。

つまり、この民族の言葉を通して理解すればこうなるし、この民族の言葉を通して理解すればこうなるといった感じで、言葉が変われば、それぞれの理解の仕方も違うという考え方が、20世紀に興った、相対主義のひとつの方向になっているのです。

相対主義とダイバーシティ

そして、そういった相対主義的な方向と言語が結びついた結果、20世紀の初めは、言語の違いに関係なく、すべて共通だった認識が、民族によって、集団によって言語は異なるのだから、私たちの認識というものも、相対的な形でしか基本的に成立しないという考え方をするに至ったのです。

これをもっと強く言えば、これまで科学というものは、正しい答えがあるというのが基本的な発想だったわけですが、1960年代から1970年代には、どのパラダイムを使って分析するかによって、理解の仕方が異なるというパラダイム論が唱えられたのです。

このパラダイムの正しさも、どれだけ支持者を集められるかが問題となっており、多くの支持者を集めたものが勝ちになるという世界では、何が正しく、何が間違いかということは、それ自体では決定できないという、相対主義的な枠組みに収められたのです。どの言語を使うか、どの基準を使うかによって、正しい、間違いの判定が変わってしまう。そういう意味での相対主義が、20世紀末に興ったのです。

この考え方は、一時期、面白半分にもてはやされました。ものの見方はたくさんあるほうがよい、すなわち、ダイバーシティをみんなが主張し始めたのです。そうなると、何が正しくて、何が正しくないかなどと言えなくなってしまうわけで、その中において、どうやって正しさを決定していくのか？　ここでようやく、その問題を乗り越えるような哲学理論を出さなければいけないという流れになったのです。

カントの批判を避ける新しい実在論

なぜカントが、認識を対象の中に投げ入れて、ものを理解するというようなことを唱えたかと言うと、そもそも私たちの認識とは独立した何かがここにあると言った場合、そんなものがあるとどうして言えるのか？　という問題が出てくるわけです。

正しい認識をするために、カントとしては、こちらが持っている概念を投げ入れるという形をとったわけですが、その流れだと相対主義にしか陥らないという結果になってしまうので、やはりここにあるんだよという話に持っていこうという議論が生まれてきました。

それを実在論というのですが、そんな17世紀や18世紀の発想に戻ってしまえば、当然のようにカントの批判がそのまま適用されてしまうわけです。それゆえ、そこに陥らないためにも、実在論でありながら、昔ながらの古い実在論（素朴実在論）ではない実在論をどのように展開するかという話になってきており、実際、最近話題になっているマルクス・ガブリエルが〝新実在論〟を語る場合も、一生懸命に、昔の実在論とどこが違うかを説明しています。

このように、昔と同じことをやれば、当然のようにカントの批判が当てはまってしまうため、どうやってカントの批判を受け付けない形で実在論的なものを導入するか、というのが現在の大きな課題となっているのです。

実存が本質に先立つ

　ここで、20世紀哲学の3潮流のうち、まず実存主義について説明しましょう。そのために、〝実存〟という言葉の意味を確認しておきます。

〝存在〟や〝ある〟という言葉には二義性があり、日本語で言えば「〇〇である」という〝本質〟と、「〇〇がある」という〝実存〟の2つの意味が考えられます。

　サルトルは実存主義について、「人間においては、実存が本質に先立つ」と表現しましたが、それは、〝人間は基本的に斯々然々《かくかくしかじか》である〟というのがあらかじめ決まっているわけではなく、自分のあり方というのは自分自身でそれぞれ作り上げていくものである、ということで、まず人間は実存し、そこから様々な本質を作り上げていくものだということを意味しています。

　そして、人間以外のものはすべて本質が先立つというのです。例えば、ある生物について言及するときは、「これはこういう動物である」というように本質が先にありますし、ものを作るときも、設計図、すなわち本質に基づいて、作り上げることになります。

しかし、人間の場合、「人間というのは斯々然々である」という風には断言できません。むしろ、人間のあり方というのは自分自身で作り上げていくものだというのが、サルトルの〝実存主義〟という発想なのです。

伝統主義に対する批判

これを人間の特異性のように捉えた場合、「それが人間の本質なんだ」といって、やはり本質が先立っていると主張する、言葉遊びのような批判ももちろんありますが、サルトルの中で実存というのは個別的なものであり、本質は普遍的なものを意味しています。

例えば「女なんだからそんなことをするのはおかしい」などと言うのは本質主義者になるわけです。それは女であるという本質に基づいて、あなたはこうでなくてはいけないと決めつけているからです。女であるかどうかは問題ではなく、〝私〟がどうするかが問題であるというのが、実存を先立って考えた発想になります。

女なんだから、学生なんだから、日本人なんだから、というような発言はすべて本質主義的な発想になるのですが、今の時代、本質主義的な発言は嫌われる傾向にあるのは、みなさんもよくおわかりでしょう。

そういう意味で、サルトルの議論は、斯々然々であることを守らなければいけないという、伝統主義者に対する批判として登場しました。つまり、何をやってもいいじゃないかという発想であり、だからこそ〝アバンギャルド〟という形で提唱されたのです。

枠組みを分析する構造主義

第二次大戦後、1960年代くらいまで実存主義は流行っていたのですが、ちょうど1960年頃、「人間が自由に行動するというのは本当ですか？」という問いが生まれたのです。

これはすなわち、社会の中ですでに生き方は決まっているのではないか？　という問いかけであり、自分では自由に行動しているつもりでも、社会的なものを含む様々な要因によって、こういう風に行動するというのがある程度決められているのではないかという批判になっているのです。

そして、それよりもむしろ、個人の生き方ではなく、この社会、あるいは国家の中で、どのような位置付けにいて、それによって、どのような行動様式を取ることができるのかを説明することのほうが重要であると考えられ始めたのです。

そういう意味で、構造主義というのは、個人の自由というよりも、むしろ個人を成り立たせている様々な関係の枠組み、つまり構造の分析こそが重要であると考えるものです。それを無視して、「俺は自由だ！」なんて言ったところで、それは結局、掌の上で回されているようなものである、というのが構造主義者の発想なのです。

レヴィ・ストロースによる批判

レヴィ・ストロースは、そういった社会構造がはっきりとした形で現れるのが、実は未開民族の社会であり、特に親族や結婚の様式であると考えました。いくつかの部族において、女性がどのように移動していくかを調べると、その動きを数学的にはっきりと示すことが可能で、サルトルのように、自由に行動するなんてことはなく、ほとんど社会構造の中で、ある女性が誰と結婚して、どこに配置されるかがあらかじめ決まっていることを明らかにしました。

そういったレヴィ・ストロースの批判により、人間の自由なんてものは幻想であり、むしろ社会構造の中できっちり決まっているという考えが主流になりました。そして、それをよく知らないから自由なんて言っているだけだという形で論争が起こったときに、サルトルが負けたような印象が社会の中にイメージとして作り上げられ、一気に構造主義の流れへと移っていったのです。

人間の個人的な自由や決断が先立つのではなく、そういったものを形作る周りのもの、つまり社会や言葉が行動を決定する……、例えば言語にしても、私たちは自由に話しているように見えながら、可能な組み合わせだったり、文法構造だったりは決まっており、そうした意味では、自由に語っているように見えながら、実は言葉が喋っているだけだ、というような言い方を構造主義者はするのです。

このようにして、構造を明らかにすることが重要だとする構造主義が1960年代から1970年代にかけて、実存主義に代わるものとして登場してきたのです。

西洋中心主義の裏返し

このように構造がきっちり決まってしまうと、その中では身動きが取れなくなってしまいます。それならば、構造が変わることはないのか？　構造を変形するにはどうすればよいのか？　といった議論から生まれたのがポスト構造主義です。

レヴィ・ストロースは、未開民族の親族構造について、ブルバキの数学を使って分析したのですが、それによって、未開とは言っても、彼らの知能は未開ではなく、非常に優れたものであるという説明を行いました。それに対して、それは裏返しの西洋中心主義であるといって批判を加えたのがデリダです。

構造主義は、サルトルの考え方がヨーロッパ人の典型的な考え方、つまり西洋中心主義だといって批判し、それに対立するものとして未開民族の例を挙げたわけです。しかし、デリダはそれをもう一度ひっくり返して、そうやって未開民族をリスペクトして、非常に優れているかのように描くこと自体が、実は西洋中心主義の裏返しであるといって批判したわけです。

2500年の堂々巡り

ポスト構造主義が、構造主義的な社会の枠組みを変えていこうとしたときに、実存主義のようにならなかったのは、実存主義が個人の主体的な自由を原則としていたからです。ところが、ポスト構造主義者は、個人というものもひとつのものとしてあるだけではなく、その中にいろいろな要素があって、いろいろな組み合わせ方があるという考え方をしました。

これは構造主義的ではあるものの、組み合わせの違いによって、個人のあり方が変わっていくという考え方になっており、構造主義を完全批判するのではなく、さらに先に進めた考え方になっていると言ってよいかもしれません。

ちなみに、プラトンの「国家」を批判するときに、ヨーロッパでは、個人が国家の中に埋没してしまうじゃないかという議論が当然のように行われたわけですが、実際、古代ギリシャの時代でも、アリストテレスはそうやってプラトンを批判していました。

そうなると、サルトルから構造主義に繋がる流れにおいても、また同じ議論をするのかという話になるわけです。ルソーの社会契約論においても、自由を原則としながら、例えば一般意志みたいな形で考えるというとき、自由というものはなくなるのではないかという議論が行われたりもします。このあたりの議論の流れは、否定的な言い方をすれば、2500年の堂々巡りと言えるかもしれません。

ニーチェのパースペクティブ論

実存主義を語る上では、キルケゴールと並んで、実存主義の始祖とも呼ばれるニーチェについても言及しておきましょう。ニーチェの場合、「私がどう生きるか?」というのが、ニーチェ哲学の重要な部分となっているのですが、さらに、「神は死んだ」というのが大前提になっていて、今までの生き方に妥当性がなくなった中を生きていくために、自分自身で価値を作っていかなければいけないという、実存主義の典型とも言える考え方を提示しています。

特に注目しておきたいのがパースペクティブ論で、これは遠近法主義とも呼ばれるものですが、あらゆる認識は、どこから見るか、つまり角度や位置によって変化するため、一定の方向から見るという形でしか、認識というのは可能ではないという考え方です。

これは、相対主義の最たるもので、どの方向から見るかによって、もののあり方は変わってしまうというのです。それでは、どれが正しいのですかと問われると、どれが正しいかなんてことは基本的にはない、というのが、ニーチェの答えであり、発想なのです。絶対的な正しさはなく、すべての知識は相対的である、と。

ヨーロッパの人にとって、神は真理であり、絶対的なものを担保する存在でした。ニーチェによる「神は死んだ」という言葉は、そういった絶対的なものはなく、物事は、見る角度や方向によって違ってくるということを示しており、その意味で、20世紀のひとつの大きな流れであるポストモダニズムと言われる〝相対主義〟を準備したのはニーチェであると言われています。

ニーチェが哲学者として後世でも人気のある理由は、一筋縄では理解できないところだと言われます。もともと多面的なところがニーチェの特徴であり、彼は仮面を好む哲学者であると言われました。

そんなニーチェの哲学ですら、どの角度から見るかによって見え方が違ってきますし、そのことをニーチェ自身も自覚していたのです。絶対的な認識なんてありはしないという自分の考えさえもパースペクティブだったら……。そのあたりが、非常に現代的で、社会的にもニーチェが流行する理由と言えるかもしれません。

ニーチェの道徳論と分析哲学

ニーチェの言葉に、「道徳的事実はなく、道徳に関する解釈があるのみだ」というものがあります。道徳は解釈の仕方によって、何が正しいかは変わってしまう、これこそが絶対に正しい道徳なんてものがあるわけではない、と言っているのですが、これはニーチェにとって、道徳だけではなく、認識も同じことで、ものを認識するときに、正しい認識なんてものはなく、あくまでもどう解釈するかである、と考えていました。つまり、認識というのはあくまでも解釈だというのがニーチェの考え方なのです。

このニーチェの道徳論は、意外なことに、分析哲学の考えとそれほど離れているわけではありません。

分析哲学において、真の命題、正しい命題というのは、数学や論理学のように、経験を通さずに理論だけで動けるものか、自然科学のように、現実にどうかということを検証できるものに限られます。つまり、どちらでもない道徳について、正しいとか正しくないとかは言えないというのが分析哲学の基本的な立場になります。その説明の例を挙げるとすると……。

例えば、君がお金を盗んだのは悪かったというとき、お金を盗んだのは事実であるから、正しいか正しくないかを検討することはできる。しかし、事実に関してよいか悪いかは解釈次第であり、正しさとは別の問題である。それをどうやって決定するかといえば、あくまでも個人がどのような感情を持つかだけ、すなわち好きか嫌いかに留まり、正しいか正しくないかを決定するには至らない。

つまり、カレーが好きですか？　と聞かれて、嫌いと答えてもそれは間違いではありません。好きか嫌いかに限らず、どのような感情を持つかは、正しいか正しくないかを決定できるものではないのです。

この意味でいうと、分析哲学系の道徳理論は、基本的に何がよく、何が悪いかは決定できないという立場を取ります。これをソフトニヒリズムと呼ぶのですが、それでは何が決定するのかと問われると、人それぞれの感情が決定するのだという説明が行われるのです。

つまり、ニーチェの「道徳的事実なんてない」という言葉は、分析哲学系の道徳理論とも基本的には合致するわけで、その意味でも、ニーチェの哲学は、20世紀の哲学全般を網羅していると考えられるわけです。

近代的な哲学と対立するマルクス主義

次に、2番目の潮流であるマルクス主義について考えてみましょう。

マルクス主義の大きな特徴は、資本主義に対抗するものであるという考え方のほかに、マルクス主義の哲学というものが、今までの近代的な哲学と対抗するものであると理解された部分があります。

それは、マルクス主義が実存主義との対立項として見られたからであり、実存主義が個人的な自由を前提とするのに対して、マルクス主義はある意味では構造主義に近く、個人なんて言っても階級の中のひとりだし、様々な資本主義社会の中における位置付けによって、個人のあり方も決まってしまい、それを無視して、まったく違う形で自由に個人が活動することは基本的にできないと考えました。

マルクス主義の基本的な発想というのは、個人の意識というのはあくまでも社会構造の反映であるという感覚を持っていて、だからこそ個人の意識に訴えかけても意味がないと考えたのです。つまり、社会を変えないと意味がないという発想は、個人の意識ではなく、むしろ社会構造こそが個人のあり方を決定するということを意味しており、マルクス主義が非常に持ち上げられた部分でもあります。

マルクス主義の凋落

実存主義の個人主義に対して、マルクス主義は社会的な規定性を重視しているのですが、この社会的な規定性が強くなってしまうと、社会的な全体主義になってしまい、国家や社会に対する忠誠のようなものに繋がってしまうのです。

ところが、ベルリンの壁が崩れ、ソビエト連邦が崩壊してしまうと、それにあわせて、個人よりも社会といった制約も基本的にすべて崩壊してしまいました。

もちろん、社会制度の崩壊と、思想としてのマルクス主義は、イコールで繋がるものではありませんし、ソビエト連邦や中華人民共和国が典型的なマルクス主義ではないということは、誰もがわかっていたことではあったのですが、そういった社会構造自体が崩壊してしまったことが、思想としてのマルクス主義も何となく終わってしまったような印象を与えてしまったのです。

『歴史の終わり』という本を書いたフランシス・フクヤマは、資本主義と社会主義の対立の結果、社会主義が崩壊して、資本主義が勝ち残った、これに代わるものはない、というようなことを言っていますが、それと同じような意味で、哲学としてもマルクス主義をいまさら持ち出す理由はなく、マルクス主義はほとんど終わってしまったものと考えられている部分があります。

実際、ハーバマスというドイツの哲学者が属するフランクフルト学派は、もともとマルクス主義に基づいた形で理論を展開していました。しかし、ある時期からハーバマス自身も、マルクス主義的な議論ではない方向に動いており、社会変革や革命なんてことは全然言わなくなり、むしろコミュニケーション理論などのほうに移っていってしまったのです。

ソビエト連邦の崩壊によって、経済としてのマルクス主義が崩壊しただけでなく、理論としてのマルクス主義も間違っていたと言われるようになりました。しかし、マルクス主義を唱えていた人たちが、ソビエト連邦の社会は、マルクスの考え方に基づいているものとは思っていなかったということもあり、例えばマルクス主義の思想家、アントニオ・グラムシは、ロシア革命は資本論に反する革命であるという言い方をしています。

つまり、マルクスの理論に則って革命が行われたのではなく、むしろ後進国ロシアにおける半農奴制的なところで革命が行われたのであり、決してマルクスが予言したような資本主義革命ではないと昔から考えられてはいるのですが、いわゆる社会主義国家が崩壊してしまうと、マルクス主義に基づいて作られた国が崩壊したと捉えられ、理論そのものが責任を取らされるという結果になってしまったのです。

マルクス主義と構造主義の違い

マルクス主義が社会について語るとき、その社会というのは、歴史的な変化によって、改良され、上昇していくというイメージがあります。つまり、古代よりも近代、近代よりも現代のほうが優れているという考え方です。しかし、構造主義は、少なくともそういった歴史的な変化を基本的には想定していません。

例えばレヴィ・ストロースは、未開民族の親族構造を取り扱ったわけですが、親族構造というのは歴史的に変化しないものです。つまり、歴史的に変化するものではなく、むしろ歴史的に変化せず、ずっと続いている構造を分析したのです。

サルトルは、実存主義かマルクス主義かで対立が起こったとき、もともとは実存主義の方向だったのですが、途中から、マルクス主義に鞍替えし、実存主義的マルクス主義になりました。

それはサルトルにとって、社会を変えることが大きな方向性となっていたからで、実存主義というのも、自分が行為することによって社会を変えていくことであり、社会変化という形でのマルクス主義に則っていこうとしたのです。

それに対して、構造主義は社会変化を基本的に認めません。その意味で、構造というのは、理論的に、数学的に取り出すことができる、ひとつの大きな枠組みになっています。すなわち、構造主義者が考える構造は、歴史的に変化する社会のあり方ではなく、ずっと歴史的に続いているような変化のないものをイメージしているのです。

科学哲学との高い親和性を持つ、分析哲学

最後に、分析哲学について触れておくことにしましょう。

20世紀頃から始まった分析哲学は、言語を通して世界認識をするというものですが、もともとの基本は、論理的な分析と論理学がベースになっています。

分析哲学は、数学や論理学に基づいて研究を行うのと同時に、科学的な実証主義という側面もあります。数学を使って、実証的に、世界を分析するのが分析哲学であり、その意味では、自然科学的なモデルに基づいています。そして、具体的な事象の中で実証していくという形で、分析哲学は科学哲学と、いわば歩みを

一緒にして展開してきました。

分析哲学と科学哲学は同じものではありませんが、高い親和性があり、分析哲学をやっている人が、科学哲学もやっていることは少なくありません。

分析哲学はあくまでも言語分析から出発したもので、必ずしも科学そのものを探求するわけではなかったのですが、彼らが論を展開するために使う大きな道具のひとつが論理学であり、論理学を駆使して世界分析を行う場合は、科学によって世界分析をするのと非常に近い関係にあるのです。

逆に言えば、科学がやっていることを基礎付けるために、分析哲学を行うという部分もあったりするのです。

そして、最近の分析哲学が、言語ではないものを取り扱おうとしていることも、ひとつの大きな特徴として捉えておきたいところです。

アメリカで生まれたプラグマティズム

プラグマティズムは〝分析哲学〟の一派で、19世紀の末にアメリカで生まれた流派です。19世紀末から1930年代くらいまでは、アメリカの哲学はプラグマティズムが優勢でした。しかし、その当時、ヨーロッパから亡命してきた分析哲学者たちによって、分析哲学の影響が強くなっていったという経緯があります。

分析哲学は、数学や論理学を使用するため、非常に厳密な形での議論ができるほか、数学のように、段階的に教育することも可能です。哲学の教育というと、何となく本を読め、みたいになりそうですが、分析哲学は、専門的かつ段階的な教育システムが用意されているのです。

その結果、アメリカでは1950年代以降、分析哲学が大多数を占めることになり、昔ながらのプラグマティストとして理論を展開する人も残ってはいたものの、ほとんどが忘れられていってしまいました。しかし、1970年代になると、再びプラグマティズムを復活させようという人たちが出てきたのです。

その中で一番有名なのがリチャード・ローティで、ローティの弟子の中から、分析哲学の道具を利用してプラグマティズムを行い、プラグマティズム系の分析哲学者も出てくるようになりました。その結果、現在のアメリカでは、科学主義的な哲学と、プラグマティズム系の分析哲学が大きな勢力になっており、日本にも少しずつプラグマティズムが浸透してくるようになったのです。

至上の経験主義

プラグマティズムは経験主義の最たるもので、何が正しいかを論じるのではなく、議論そのものが役に立つかどうかでその価値を決定します。例えば、「神は存在するかどうか」という議論があった場合、議論の結果がどちらかに決まったところで、一体どのようにその議論は役に立つのか？ という話が始まり、どちらでもいいだろうという話で終わるのが、ある意味、プラグマティストの立場と言えます。

極端に言えば、役に立たないことはどうでもよい、役に立つのであれば、正しいか正しくないかは決定できなくても問題ない、これがプラグマティズムの特徴となっています。

コラム②

ほらふき男爵のトリレンマ

ハンス・アルバートが20世紀に示したひとつの議論に「ほらふき男爵（ミュンヒハウゼン）のトリレンマ」と呼ばれるものがあります。「トリレンマ」というのは〝道が3つある〟という意味で、ある議論を根拠付けるために、その理由を問い続けていくと、次に示す3つのうちのどれかに必ず陥るという議論です。

ひとつ目の道は、相手の答えに対して、その理由を延々と問い続けていく「無限背進」。理由を無限に問い続けるので、最終的な根拠を出すことはできませんし、いつまでたっても議論が終わらないのです。そして、2つ目の道が「循環論」。つまり、理由を問い続けると、いつの間にか最初の根拠に戻ってしまい、議論がぐるぐる回ってしまうということです。

最後の3つ目は「独断的な中断」で、理由を問われ続けている途中で、「これが最終的な理由だ」といって議論を無理やり打ち切ってしまうことです。よく親が、「どうしてダメなのか?」と聞く子供に対して、答えようがなくなって「悪いものは悪い!」といってしまうのは、まさにこの「独断的な中断」にあたるのです。

議論をする中で、理由を問い直し続けると、必ずこの3つのうちのどれかに行き着くほかにないということを「ほらふき男爵のトリレンマ」と呼ぶわけですが、「無限背進」「循環論」「独断的な中断」の3つは、すべて議論としては誤った進み方、あるいは終わり方なのです。

そうなると、哲学的な議論においても、その根拠を問い続けると、この中のいずれかにしか行き着かないということになるわけですから、それ以外の形で根拠付けることがどうすれば可能になるかというのは、非常に大きな問題となるのです。

そういう意味では、議論を行う場合、勝ち負けという観点で言えば、必ず問い詰める立場になることが重要で、逆に自分が問い詰められる立場、つまり説明責任を負わされると、かなりつらい状況になることがわかります。

政治の場面において、説明責任を負わされたほうが厳しい立場になるのはある意味当然で、どんなに説明責任を果たしたと言っても、問い詰める側は、その根拠は何ですか？　といって、いくらでも問い直すことができますし、場合によっては、それは〝独断的な中断〟であるといって、批判することもできるのです。

このことは逆に、議論を行う際、誤った根拠に導かないための注意点という意味で、予備知識として知っておいたほうがよいし、こういった結果に陥ることを、あらかじめ想定した上で、議論を行うことが大切になってくると思います。

そして、議論において、最終的な根拠となりうるものがあるのかどうかは、非常に大きな問題となるのですが、クーンなどは、同じパラダイムを共有している人の中でしか根拠付けはできないとしているのです。

第6章

現代社会で哲学はどう役立つのか？

「役に立つ」という言葉の意味

哲学に携わっていると必ず聞かれる問いのひとつに、「哲学は役に立つのですか？」というものがあります。昔から哲学者は、たいていの場合、「哲学はそもそも役に立たないんだ」という形で答えていたものです。

そう答える理由というのは、半分は開き直りでもあるのですが、もともと哲学には専門の領域というものがありません。専門の領域があれば、「この知識が、こんな風に役立ちますよ」と言えるわけですが、なかなかそれも難しいのです。

そして、何かの道具として形成された学問でもありませんから、具体的な仕事があるわけでもなく、誤解を怖れずに言えば、もともと暇人が行う学問だという部分もあります。

そして、〝何かのため〟という手段としての知識を獲得するのではなく、〝何かのため〟そのものを問うのが哲学であり、目的そのものを問うのだから、それが何かの役に立つことはないという話になるのです。

それでは何のために哲学を学ぶのか？ その答えはおそらく〝役に立つ〟ということの次元をどのように設定するかによって変わってくるのではないかと思います。つまり、まったく役に立たなければ、そもそも学問として成立するはずがありません。そういう意味で言えば、〝役に立つ〟という言葉をどのように理解するかが問題になるわけです。

その意味で、社会の中で生きていく上での重要な知識、何かの参考になりうるようなものとして哲学を考えれば、おそらく哲学は役に立つと言えるのではないかと思います。

決して、外国に行くために英語を勉強するという意味での役に立つという意味ではありません。身につけないと仕事ができないとか、身につけないと生活ができないという意味で考えるなら、おそらく役に立つというレベルにはならないでしょう。

逆に言えば、〝役に立つ〟とはどういうことか？　それを問うこと自体が哲学なのです。

基礎学問として学ばれていた哲学

「哲学は役に立つか？」ということが言われ始めたのは、おそらく18世紀、19世紀くらいだと思います。その昔、大学において哲学が〝基礎学問〟として学ばれていた時期がありました。いわゆる一般教養的な形で哲学を学び、その後、専門的な知識を学んでいくという構造がドイツで作られました。

つまり、哲学をまったく学ぶことなく、ほかの様々な具体的な知識を学ぶことはなかったのです。さらに、哲学を学ぶ人は当時のエリート階級で、いわば知識層を相手にしていたので、哲学を学ぶ必要がないという前提がそもそもなかったのです。

もう少し細かな話をすると、基礎学問として〝哲学〟を学ぶ哲学部があり、その上には基本的に、神学部と法学部と医学部がありました。この3つの学部は、すべて〝役に立つ〟学問、すなわち職業に直結する学問という意味で、〝役に立つ〟学問なのです。

つまり、哲学は、職業に直結しない学問であり、当時から〝役に立たない〟というのは大前提になっていました。そして18世紀から19世紀にかけて科学技術が飛躍的に発展し、それに対しても〝役に立つ〟という視点が加わったことで、哲学にますます役に立たないという位置付けが与えられるようになったのです。

そういった風潮をひっくり返したのがカントです。職業に直結する学問というのは、いわゆる紐付きなので、その内部において批判を繰り広げることはできません。例えば法学部の場合、その当時の法曹界の基本的な理論に楯突くような議論は絶対にできなかったでしょう。その意味において、紐付きの学問に自由はなく、批判的な形での議論もできないのです。

それに比べると、哲学が職業とは直結しないという意味において、非常に自由であり、役に立たないということが、逆に学問としての自由と研究を進める上での視野の広さに繋がることから、結果として、役に立たないことが哲学の強みとして主張され始めたのです。

「役に立たない」の歴史的背景

実のところ、そもそも哲学が役に立たないという議論は、古代ギリシャ、プラトンの時代からすでに行われており、今に始まったことではないのです。

古代ギリシャの時代、哲学なんて役に立たないと言われ、「そんなことはないですよ」と言って、ずっと宇宙ばかりを見ていた哲学者が、溝に足を踏み外して落ちてしまった、という姿が笑い話のように語られている一方で、先物取引で一儲けして、哲学をやっていればこんなこともできる、などと語っている哲学者もいました。

いずれにせよ、古代ギリシャの時代から、哲学は役に立たないと一般的に思われていたのは事実なのです。

ただし、古代ギリシャの時代は、学問の分野は独立しているわけでなく、今で言う哲学の限定された範囲において役に立つのか？　と言われているのとは少しイメージが異なります。言うなれば、現在でもしばしば言われている、「学校の勉強は役に立つのか？」というのと同じレベルだと考えることもできます。

また、スクールの語源となっている「スコラ」は、もともと「余暇」とか「暇」という意味の言葉であり、暇な人は学問をやるというのが大前提にあったことも考慮する必要があります。

古代ギリシャにおいては、あらゆる学問の棟梁的な位置にあった哲学ですが、近代に向かうに連れて、様々な学問の基礎付けを行うという役割に変化していきました。しかし、その状況においては、まだ役に立つという自負があったのです。

しかし、その基礎付け自体、哲学にやってもらう必要なんかないと、他の学問が言い出したのです。つまり、哲学というのは、よくも悪くも、非常に一般的なことしか言えませんから、特定の学問においては、基礎付けとはいえ、哲学が口を出せるような問題ではないと言われ始めました。

何とか18世紀くらいまでは、様々な学問の基礎付けができるかもしれないと思われていた哲学ですが、それぞれの学問が精密化し、自立していくと、素人のような一般論しか言えない哲学は、もはや影響を与えるどころか、基礎付けでさえも関われなくなりました。哲学の知見を使えば、物理学的な考え方も変えることができるといった時代もあったのですが、そんな話すらも完全になくなってしまったのです。

哲学の可能性

科学技術が発展していく中、〝役に立つ〟というのを様々なレベルで考えた場合、哲学が、何かの具体的な道具として役に立つことができるかといえば、おそらくかなり難しいのではないかと思います。それでは、あえて今、哲学を学ぶにあたって、はたして何の役に立つ可能性があるかを考えると、ひとつは、哲学の持つ視野の広さを挙げることができるかもしれません。

この社会、この世界は一体どの方向に向かっているのかということを考える場合、様々な学問が例えば10年、20年単位で考えているとすれば、哲学は100年、あるいは200年、さらにはひとつの時代といった、非常に長いスパンで考えることができるのです。

また、哲学は転換期に非常に活発になるという話をしましたが、それはある意味、哲学が、時代の転換を感じ取ることができる学問であり、時代の転換や時代の方向性といったことを考える際の、ひとつの大きな道具になりえるものだと考えることもできます。

哲学には、ひとつの分野に限定されないという特徴があり、さらに視野と立場をわりと自由に転換できるので、特定の分野だけで考えても見えないものや、様々な分野ごとの関係性などをみることが可能です。

その意味でいうと、もし哲学が役に立つとすれば、特定の分野にこだわることの弊害ともいえる、視野の狭さや他の分野とのコミュニケーション不足について、何らかのアドバイスや方向付けができる可能性があるのではないかと思います。

哲学を学ぶのに最適な年代は？

ドゥルーズという哲学者が晩年近くに、『哲学とは何か』という本を書いた際、その本の中で、「哲学とは何かを語るちょうどよい年代になった」といったことを書いているのですが、その意味において、〝哲学とは何か？〟を語るためには、様々な人生経験を重ね、生きてきた中で身につけたものを、総合的に、そして回顧する形で語るのが哲学であり、その点では、若者には少し難しいと言えるかもしれません。

その一方で、視野の広さとか、自由な観点の移動など哲学的な議論を知っておけば、非常に自由な形で物事を考えることができると思います。その意味では、哲学を、ファーストステップというか、初歩的な形で学ぶのが非常によいのではないかと思います。

何かを始めるとき、哲学は必ず最初に、これでよいのか？という問い直しを行います。それによって、出発点そのものを常に問い直したり、あるいは違う出発点から始める可能性を探ったりする。その意味で、何かを始めるときに、様々な視点のとり方や出発点の選び方、あるいは進め方の多様性など、様々な可能性をあらかじめ示すことができるのも、哲学の持つひとつの強みかもしれません。

大きな転換期を迎える現代社会

現代という時代は、非常に大きな転換期を迎えているのではないかと思います。それは、15、16世紀の活版印刷の誕生した時期に匹敵するような転換期であり、活版印刷により文字や書物の社会が形作られたように、電子メディアという形でネットワークが形成されるなど、大きなメディアの転換が行われている時期だといえます。

この大きな転換期は、デジタルテクノロジーという形で、20世紀の後半から始まったものです。DNA情報をいかに読み取るかという〝バイオサイエンス〟も、デジタルテクノロジーの進展によって初めて可能になりました。そのほか、ITやAIに代表される〝デジタル情報通信革命〟、さらには、16世紀あたりから始まり、マルクスは100年以上も前に転換するようなことを言っていましたが、なかなか転換せずにいる〝資本主義〟も、そろそろ方向転換の時期を迎えているのかもしれません。

今という時代、この現代社会は、大きな歴史的なスパンから考えると、何百年単位での大きな転換期を迎えており、これが哲学の活発化する時期と重なるのではないかという風に私は見ています。

転換期と哲学の関わり

この転換期に哲学が関わるとすれば、デジタルテクノロジーにせよ、バイオサイエンスにせよ、資本主義の変化にせよ、これらの見通しをどのように描くか、あるいはどのような形で理解していくか、そういった部分は、哲学の問いとして非常に重要だと思います。

例えば、バイオサイエンスのＤＮＡ組み替えの話になれば、ゲノムの組み替えによって、新たな種が誕生するかもしれないという可能性を語る上で、ポスト・

ヒューマンなどの議論が必ず起こってきます。バイオサイエンスの知識を前提にしつつ、それをより展開させたり、もっと方向性を未来に打ち出したりしたときに、はたしてどのような変化が起こるのかについて議論する上で、哲学が活躍できるのではないかと思います。

大きな転換点に差し掛かっている現代において、新たなテクノロジーの方向付けを提供するのが哲学であり、先が見えない未来に対し、ほとんど無知な形で立ち向かっていくことに関して言えば、哲学が役に立つシーンは少なくないと個人的には思っています。

バイオサイエンスの発展と科学

1950年代にDNAの二重螺旋構造が解明されて以来、DNAの解明を通して、1970年代から遺伝子工学というものが発展しました。遺伝子工学というのは、早い話、発見されたＤＮＡを組み替えていくというのが最終的な方向になっており、人間のＤＮＡを組み替えることについても、21世紀になって、ゲノム編集という形で非常にはっきりとした方向付けが行われました。

ゲノム編集というのは、すでにあらゆる生物学において常識みたいな形で行われていますが、これを人間に適用するかどうかということが、今のところ大きな議論になっていて、人間に適用するとどうなるのか、あるいはどういう方向に向かうのかというのが、哲学の問題として非常に重要になってくるだろうと思います。

これまでの人間のあり方をそのまま守っていくという考えの人もいます。〝人間の尊厳〟などという言い方がされますが、それに対して、むしろそういった技術を積極的に利用して、人間を人為的に進化させていこうという人もいます。

今まで私たちが持っていなかったような能力を獲得すると、おそらく、旧来の人間というのはほぼ絶滅してしまうかもしれませんが、そういった形で進化の過程をたどるわけです。

今まで進化は、自然的な形で行われてきましたが、今後は人間が介入することによって進化が行われるわけで、そうしたことが可能になり始めたという意味でも、バイオサイエンスの発展は、わりと画期的なことなのです。

哲学と倫理学

さて、バイオサイエンスを考える際、〝人間の尊厳〟などと言われるように、倫理学の問題が大きくフィーチャーされます。日本では、哲学と倫理学は完全に別のものとして捉えられていますが、もともと哲学の中に倫理学は入っているのです。しかし、あえて分けて考えてみると、イメージとしては、規制をかけるのが倫理的であり、前進的な可能性を考えてみるのが哲学的という風に考えることもできなくはありません。

少し余談になりますが、倫理学と道徳の違いについても言及しておきましょう。道徳を意味する〝モラル〟というのはラテン語経由の言葉で、倫理学を意味する〝エシックス〟はギリシャ語経由の言葉です。もともと、エシックスの元となるエートスに当たるラテン語がモラルに変化したことを考えると、基本的に両者の間には特に違いはありません。

しかし、日本では、言葉遣いに細かくて、モラルは日常的な細かな規制であり、それを抽象化した理論として考えるのが倫理学であるという風に理解されることがあります。しかし、語源的には同じことを意味していますし、ヨーロッパでは、〝モラルフィロソフィー〟、つまり道徳哲学がそのまま倫理学になるのです。

デジタル情報通信革命と哲学

近代という時代は、ヒューマニズムの時代などと言われるのですが、ヒューマニズムは人間主義という意味で、人間を中心に考えるのが近代の人たちの大きな柱になっていました。そういう考え方に対し、そろそろ私たちが考えていた人間というものですら、おそらく疑問視され、そしてまったく新しいあり方が生み出される可能性が出てきているのです。その意味において、人間主義に続く、新しい時代の到来という形で議論が行われています。

ヒューマニズムには、訳し方が2通りあって、ひとつは〝人間主義〟であり、もうひとつは、英語の複数形でＨＵＭＡＮＩＴＩＥＳというと、〝人文学〟を示す言葉になります。書物を通して人間を知るという形が、ルネサンス以降、中心になったという意味で、人文主義というのは、近代のひとつの大きな枠組みになりました。

ナショナリズムからグローバリズムへ

活版印刷で印刷されたものを書物として提供し、それをその地域の国民が学ぶことによって、国民意識が生まれ、そういう意味でのナショナリズムが形成されたのです。

フランスやドイツ、イタリアなどの近代国家ができあがり、近代的な言語が学ばれ、そして人々がその言語を自分たちのナショナリズムを形成するための道具として使い始めるというのが、おそらく近代の大きな発想のひとつだったと思います。

その意味では、書物の文化、書物の時代である人文主義は、ただ活版印刷ができたというだけではなく、活版印刷によって書物が生み出されることで、近代国家においてナショナリズムを形成するという、ひとつの大きな流れを作り出したのです。ところが、非常に大きな役割を担った活版印刷という技術が、現代のデジタル情報通信革命によって終わり始めているのです。

現代では、グローバリズムやグローバリゼーションという言葉が盛んに言われていますが、これもある意味、デジタル情報通信革命と連動しているといえます。

デジタル情報通信革命がもたらしたもの

知識の伝達方法を考えると、昔は本を書いて、それを世の中に発表するという形だったのが、現在では、特に科学的な知識の場合、本を書いて発表するという時間軸ではほとんど勝つことができない、デジタルを使って一分一秒を争う世界になっています。このことから、デジタル情報通信革命が、知の発表、知識の公開の方法にも非常に大きな影響を与えていることがわかります。

一方で、デジタル情報通信革命は、情報そのものの肥大化に繋がっており、それがＧＡＦＡなどの情報企業を生み出したように、情報をいかに収集し、そして管理するかが重要になってきました。さらに、ＡＩの可能性が広がったことも見逃せないポイントです。

ＡＩの画期的な意義について言えば、これまで、考えるというのは人間のみの特権であり、その意味でも人間中心主義だったわけです。しかし、人工知能は人間ではなく、生物でさえもありません。人工物が考えることができるようになるという事実によって、私たちは発想そのものを根底から変えざるを得なくなるのです。

これについてハーバマスが別の文脈で語った表現を使えば、「アリストテレス以来のカテゴリーを変えなくてはいけない」と言えるかもしれませんが、私たちの持っている考え方のカテゴリー、つまり基本的な概念そのものを、この時代の転換にあわせて変えていかなければいけないわけで、そういうところに差し掛かっているというのが、哲学のひとつの議論になっているのです。

終わらない資本主義

資本主義は、マルクス以来、終わる終わると言われ続けているのですが、本当に終わるのかと言えば、なかなか終わりそうにありません。さらに問題なのは、もし本当に終わるとして、その後はどうなるのかという青写真が誰も描けていないことです。

そうなると、いくら終わる終わると言っても、勝手には終われないということもあり、はたして資本主義はどうなるのか？　今から何百年、何千年と永遠に生き残っていくのか？　それともまったく違った形の社会が形成されるのか？　マルクスに基づいて、終わるから次の時代はどうしようというのが昔の議論だったのですが、現代の議論では、終わらないのだけれど、どうしようか？　このままでもいいのだろうか？　といった話になっているのです。

そして、もし突然終わってしまったら、その後はどうするかについて、私たちにはほとんど知識がありません。マルクスは、資本主義の後は社会主義といった彼なりの青写真を作っていましたが、それは歴史的に見ても、うまくいきませんでした。

そうなると、終わられても次にどうするかが決まっていないから困りますし、それ以前に、永久に続くものなのか、それともどこかで終わりが来るのか？　それすらもわからない状況であることが、問題をさらに大きくしているのです。

思考の枠組みも変化

技術的に非常に大きな転換点を迎えるにあたり、私たちの社会を形成していた大きな思考の枠組みも変わる必要があります。例えば脳科学で考えてみましょう。今までは、人間は自由意志を持っていて、そして悪いことをするというのは自分で行った行為だから、責任はその人にあるという形で考えられていました。

そして、その人の責任を問い、処罰するときには、よりよく反省できるように刑務所に収容するという形で行われてきたのです。つまり、そういった社会制度であり、法制度が作り上げられているわけです。

しかし、現代のニューロサイエンスに照らし合わせてみれば、人間の行動なんてそんなに自由なものではなく、脳のそれぞれの働きによって行動は決まっており、脳のシステムが狂ってしまうと、こういった犯罪行為をしてしまう、みたいなことが議論され始めたのです。

そうなると、例えば殺人を犯してしまった場合でも、はたしてこの人の行動は自由意志によるものなのか、それとも脳のシステムが変調してしまったせいなのかがまず問題になり、もし脳のシステムの変調によって行われたとすると、その人に行動の責任を取らせることができるのかという問題が生まれてくるのです。

その意味では、どういう形で社会を設計していくのかということも、非常に大きな問題であり、現代の科学的な知識を含めて、非常に大きな転換点にあるとすれば、その後の構想も考えなければならない時期に来ているのではないかと思います。

コラム③

誤解だらけの「弁証法」

一般的に「弁証法」と言うと、ヘーゲルの説に基づく「正・反・合」で説明されますが、実のところ、この「正・反・合」という説明は、ヘーゲルの説の中には存在しません。

お互いに対立した意見を言い合って、落としどころで両者をまとめるのが「弁証法」と呼ばれるわけですが、大本となるはずのヘーゲルは、そんなことは一言も言っておらず、もちろん正・反・合などという言い方もしていません。この正・反・合というのは、実はフィヒテの言い方なのですが、フィヒテもそれを弁証法とは呼んでいないのです。ところが、多くの日本人が正・反・合が弁証法だと思っていますし、弁証法と言えば正・反・合であると説明されているのです。

「弁証法」を意味するドイツ語の〝ディアレクティーク〟は、古代ギリシャ語のディアレクティケーから来ているのですが、このディアレクティケーは「問答法」と訳される言葉なのです。この「問答法」は、プラトンが始めた概念で、ソクラテスのやり方として説明されるわけですが、その基本は、相手の議論の中に一旦入り込み、相手にすべてを語らせた後、その言動の矛盾を示すことで、議論そのものを否定するというものです。

ソクラテス自身はエレンコスと呼んでいますが、よく言われるところのソクラテスのちゃぶ台返しは、正面から相手を否定するのではなく、相手にトコトン語らせた後、相手の中の自己矛盾を指摘して、最終的にひっくり返すというもので、実はこれが〝問答法〟の一番基本となるスタイルになるのです。つまり、弁証法も本来はこの方法を意味するものであり、正・反・合はまったく関係がない概念です。

もっともソクラテス的というか、プラトン的な議論のやり方は、相手に反論するのではなく、相手の主張をすべて確認した上で、その中に出てくる矛盾を指摘することです。日本人の議論があまりうまく行かない理由は、お互いに論点が異なっているのにもかかわらず、自分の主張のみをぶつけ続けるからであり、それゆえ、相手を的確に批判することができないのです。

問答法の一番の基本は、相手の逃げ道を塞ぐことです。相手の主張をすべて確認した上で、「あなたの主張からは、あなたの結論は出てこないのではないか?」という形で批判すれば、相手は「ごめんなさい」と言うしかないわけです。

ただし、このやり方では、相手を潰すことはできても、自分の意見を通すことはできません。つまり、「問答法」というのは、自分の意見を出す方法ではなく、相手をいかに潰すかという技術なのです。

ヘーゲルの語った「弁証法」は、この「問答法」に近い技術であり、現在語られている正・反・合とはまったく違うものです。それにもかかわらず、いつの間にかヘーゲルの説とフィヒテの説が混同され、しかも間違った意味で伝えられ、それがまるで常識であるかのように、高校の教科書レベルにまで書かれていることを、ここでひとつ指摘しておきたいと思います。

第7章 今後の哲学を展望する

20世紀末に惨憺たる状況を迎える

現代社会が転換期を迎えるにあたり、新しい形での哲学を考える必要性が出てきたというのは第6章でお話ししましたが、まず20世紀末の哲学の状況を見ていきましょう。

実のところ、20世紀の末あたりは、哲学にとっては暗黒期で、非常に惨憺たる状況でした。バイオサイエンスやデジタルテクノロジーの発展により、文系の知識、中でも哲学というのは何の役にも立たないと言われ、激しい地盤沈下を起こしていたのです。さらに、相対主義の非常に強い展開があったことも、20世紀末の哲学における大きな特徴となっています。

文化人類学の影響

〝文化相対主義〟〝言語相対主義〟と言われるものがあります。これは、文化が違えば考え方が違うし、物の見方が違うし、理解が違う。言語が違えば、それに基づく考え方や理解の仕方が違う。そういった考え方になります。

20世紀は、文化人類学の影響が強く、これまでのヨーロッパを中心とした普遍主義的な発想に対する批判が起こりました。特に第二次大戦後、植民地主義に対する批判から、決してヨーロッパの考え方だけが正しいわけではなく、例えばアジアやアフリカにも、ヨーロッパに劣らない形で豊かな文化が形成されているという考えが強くなりました。

それまでの考え方は、文化普遍主義、あるいは文化進化論といった言い方をするのですが、文化というのは進化していって、ヨーロッパ文化がその頂点にあるとされていました。それを19世紀くらいまでの発想だとすると、20世紀は文化人類学の影響により、文化というものは、それぞれを独立した形で理解する必要があり、決してどの文化が優れているなどということはできないという思想に変わってきたのです。

それぞれの文化を理解することには、それぞれの文化の基準で見ることによって初めて可能になるという意味での相対性。つまり、すべての文化に共通した絶対的な基準になるものはなく、文化に優劣をつけることはできないというもので、その考え方は多くの学問に影響を与えたのですが、その中でも言語学は非常に大きな影響を受けたのです。

相対主義の跋扈

それ以前は、ヨーロッパの言語を中心とし、人間の普遍的な活動のひとつとして言語を考えていたのですが、それぞれの言語は地域によってローカルな形で異なり、さらに、ローカルな形で異なる言語が、ものを見るときの理解の仕方を形作ってしまうという風に変わってきたのです。

これを〝言語相対主義〟というのですが、一方の〝文化相対主義〟も、それぞれの文化に応じて、ものの見方や理解の仕方が違うという考え方で、これまでの自然科学は、普遍主義的な共通性があるものとみなされていたのに対し、1960年代になって、パラダイムに応じて、ものを理解したり、理論を形成する「パラダイム論」が登場したのです。

それぞれの基準や枠組みのことを概念枠と言ったりするのですが、概念枠が違えばものの理解の仕方が異なるという、ある意味、相対主義的な発想が非常に強くなってきたのです。

それゆえ、20世紀の哲学において、最も流行したのは何かと言えば、相対主義で、これは、物事にはすべての人に共通するひとつの理解の方法があるわけではなく、それぞれの枠組みに応じて、理解の仕方が異なってくるというものです。

その枠組みが文化であったり、言語であったり、概念枠であったりするわけですが、20世紀のひとつの大きな特徴として、それを非常に強く押し出したのが〝ポストモダン〟と呼ばれる思想で、すべてのものに共通した考え方などはなく、それぞれの地域に応じて、考え方に応じて正しいものというのは変わっていく、みたいなことを、わりとすんなり多くの人が考えるようになりました。

相対主義の限界

しかし、この考え方をすると、何が正しいのか？　という問いに対する基準が出てこなくなります。そうなると、議論をしても、言ったもの勝ちというか、どんなことでも言えてしまうわけですが、1980年代に世界的に流行したのです。

相対主義的な発想が、ヨーロッパ中心主義に対するひとつのアンチテーゼとして出てきたときは、かなり魅力的な学説のように思われたのですが、それが20世紀末になると、それぞれの人がそれぞれの考え方を好き放題に言い放ち、違うことを言ったほうがよいといった状況に陥ってしまったのです。

そうなると、何がよくて何が悪いのか、何が正しくて何が間違っているのかということを決めることができなくなります。その結果、哲学に対する非常に強い不満が生まれるようになったのです。

「何か難しいことを言っているけれど、結局、言葉遊びをやっているだけだよね」とか、「哲学をやったところで、何が正しいかもわからないじゃないか」とか、そういったことが、20世紀末に言われたのです。そういった相対主義的な思想が世界的に、強く浸透してしまった中、21世紀になると、哲学もそろそろスタイルを変えないといけないのではないかと、ほとんどの人が思い始めました。

そして、相対主義では、哲学の有効性や可能性が見出せなくなってしまうので、今度は相対主義を超える、新しい哲学をどうやって展開していくかという議論が始まったのです。

20世紀は〝言語〟に着目した時代

そういった20世紀末の状況に対する、新しい哲学への期待というのは、いかに相対主義を超えるかということに集中しています。言語に着目して物事を理解するというのが、20世紀哲学の大きな枠組みとして語られるのですが、もともと言語は、英米系の分析哲学を理解するときの枠組みとして語られたのです。

20世紀にはフレーゲやラッセル、ヴィトゲンシュタインらが、言語を分析して、哲学の問題を考えるという活動をしており、その流れを言語論的転回と呼ぶのですが、分析哲学だけでなく、フランスの哲学もドイツの哲学も、言語論的転回として理解できるのではないかという風に考えられるようになりました。

フランスの場合は、構造主義やポスト構造主義になりますが、特に構造主義はソシュールの言語学に基づきながら、分析するという形で、記号論も含めて、言語が非常に大きな枠組みになっていました。ドイツも同様で、ハイデガーの、存在の意味への問いというのは、あくまでも言語の問題ですし、解釈学やその後に出てくるコミュニケーション理論というハーバマスの考え方も、すべて言語の問題として考えられました。

その意味で言えば、20世紀の哲学は、英米系だけでなく、フランス系もドイツ系もすべて〝言語〟というものに基づいたものになったのです。

言語は相対主義へ向かう

言語に基づいて物事を考えると言ったとき、言語というのは、ものを見るときのひとつの枠組みでしかないので、その枠組みに従ってものを見れば、当然ですがありのままの現実というのは理解することができません。

言語というのはサングラスのようなものであり、サングラスをかけてものを見ると、そのサングラスによって色合いが変わってきます。そこで、真実のあり方を理解するためにはどうすればいいかを考えた結果、そういった言語に基づいてものを理解するという発想を変えようという動きになったのです。

それが21世紀のひとつの非常に大きな方向性となり、言語論的転回から言語ではないものに目を向ける、つまり、言語ではなく、もっと物質的なものに着目するという動きが出てきたのです。こうして、〝ポスト言語論的転回〟が今後の課題となったわけです。それでは、〝ポスト言語論的転回〟とは、どのようなものなのでしょうか。

言語に着目した言語論的転回が、20世紀全体の哲学の動きになるのですが、言語に基づくと、どうしても相対主義的な方向に向かわざるを得ません。とはいえ、言語というものを除外することはもちろんできませんから、今度は言語というものに含まれる物質性のようなものに目を向けるようになったのです。

言語は目に見えないもので、音として発せられてもすぐに消滅します。そんな非物質性のものとして言語を捉えた場合、もっと物質的なものに着目した形でものを理解しようというのが21世紀の大きな方向性となっています。その方向性を、ここでは3つに区分したいと思います。①メディア技術論的転回　②自然主義的転回　③実在論的転回　です。それぞれを簡単に見ておきましょう。

メディアが意味するもの

言語に関わる物質として大きく注目されているのがメディアです。日本でメディアと言うと、ジャーナリズムなどを想像しがちですが、メディアというのは媒体のことで、もっとわかりやすく言えば、活版印刷の場合は紙であったり、印刷術であったりをメディアとして考えるわけです。また、デジタル情報時代のインターネットの場合も、物質的で技術的なメディアということができます。

このように、どのような物質を通して、ものを理解するかが問題となり、言語の場合でも、音をメディアとする音声言語から、紙、そして電子メディアに至るまで、それが人間の理解やものの考え方にどのように影響するかを考えるのです。

例えばキトラーのように言えば、馬の走り方を考えるとき、スローモーションという技術があって初めて動きを見ることができる。つまり、スローモーションで見せることが技術的に可能になることによって、馬の走り方に対する私たちのものの見方も大きく変わってくるのです。つまり、見せ方や伝達の仕方は、技術レベルによって理解や認識を変化させるわけです。

卑近な例を言えば、私たちは計算するときに紙を使います。紙に書かずに計算できる人もいますが、よほど訓練を受けた人でないとかなり難しいです。そして、紙に書くことによって、初めて私たちは計算したり、理解したりすることが可能になるのです。

これまでは言語というだけで、メディア技術に着目されることはほとんどありませんでした。しかし、メディアを通すことなくして、そもそも言語を使うことはできません。だからこそ、今までは言語の問題と考えていたところを、メディアに着目して考えてみる。当然のことながら、メディアは、基本的に技術的なものであったり、物質的なものであったりするので、物質的な次元で検証することが可能になるのです。

脳科学の事例

自然主義についての非常にわかりやすい例は、先にもお話しした脳科学的な事例で、私たちがものを認識するというのは、今までは意識とか心とかを考えていましたが、心や意識というものは、今で言えば、脳の状態に過ぎないわけです。そうなると、脳を何らかの方法でスキャンして、あらわにすれば、脳がどういった状態であれば、どのような認識のあり方が可能になるかということがわかります。そこから、脳にスポットをあてて、脳の物質的な状態を解明し、それによって、心のあり方を理解するという動きが始まりました。

今までは、ものの理解が違うと言ったとき、言語が違う、文化が違うなどと言ったのですが、文化や言語の違いが、どのように認識に影響を与えるかということは、正直なところ、よくわからないのです。これもまた、ひとつのぼんやりとしたイメージでしかないからです。しかし、それを脳などの物質的なものにスポットをあてて、そこで解明していけば、抽象的で、目に見えない〝心のあり方〟というものを、目に見える形で、さらに技術的な形で検証することができるのです。

相対主義は実在論の逆バージョン

実在論的問題設定というのは、相対主義批判の一番原則的な考え方です。私たちがものを理解するのは、言語なり文化なりが介在することによって、現実のあり方がある程度変形させられているという考え方が、相対主義の大きな発想になるのですが、それは、ものがあって、それから私たちの認識が可能になるという、かなり昔の実在論の逆バージョンに過ぎないわけです。

言語論的発想の一番の大本はどこかと言うと、カテゴリーを通してものを理解するというカントの考え方なのですが、知識を道具として対象に投げ入れて、対象のあり方を変えてしまうという発想に対して、対象それ自体を、道具など使わなくても理解できるのではないかという発想が出てきたのです。具体的にこれがどういうことかというのが大きな問題ではありますが、文化や言語、概念によって、もののあり方が変形するという考え方に対する批判、それが実在論的問題設定なのです。

つまり、今まで言語の問題として考えられていたものが、もっと物質的なもの、もっと技術的なもの、具体的で検証可能なもの、そういったものに基づきながら、私たちの心のあり方や意識のあり方、あるいはものの認識の仕方というものを解明しようと言う風に変わってきたのです。

おわりに

教養として哲学を学ぶというテーマのこの本で、プラトンやアリストテレスから始まって21世紀の哲学まで、やや駆け足でお話ししてきました。限られたページ数の中で、２５００年の流れを盛り込むのはかなり無理がありますが、これだけはおさえておきたいという項目について説明しました。そのため、簡略化したり、ややデフォルメした部分もありますが、基本的な論点については示しています。

しかしながら、哲学の入門書と言えば、他にもたくさん出版されています。それなのに、どうして本書を出版する必要があるのか――こう問い質されるかもしれません。この問いは本書の執筆におけるスタンスにもかかわりますので、最後に明らかにしておきたいと思います。

私の印象では、多くの哲学入門書は、読者が抱く素朴な疑問にほとんど答えていないように見えます。たとえば、読者としては、「哲学はどうして難しい言葉を使うのか」、あるいは「哲学者と哲学研究者はどう違うか」と聞きたいはずです。ところが、ほとんどの入門書は、そうした疑問に一切触れていません。

それに対して、私は哲学について読者が日ごろ感じている疑問について、包み隠さず答えるようにしたのです。読者が日ごろ感じている疑問から出発することで初めて、本当に哲学を理解することが可能になるのではないでしょうか？その点では、本書を「哲学入門書に対する入門」と考えることができます。

入門書の入門として、もう一つ私が心がけたのは、本書をあくまでもファーストステップと考え、その次の一歩への踏み台を提供することです。入門には2つのタイプがあります。1つは入門だけで完結し、それ以上の学びを求めないものです。これ一冊で知識は十分という入門書です。もう1つは、入門書を読んだ後、今度は自分自身でさらなるステップの本に挑戦するよう誘うものです。私の方針は、当然のように後者になります。

本書を読まれた後で目標となるのは、読者が自分の目で哲学者の本を読み、哲学者の問いを自分で考えてみることです。哲学については、簡便なまとめを覚えたところで、ほとんど役に立たないと思います。むしろ、哲学書を自分で読むように読者を導くことが、入門書として重要だと思います。

自分の目で読まない限り、どんなに立派な古典でも、ほとんど意味がありません。巻末に載せたブックガイドを参考にして、ぜひとも哲学者たちの本を手に取っていただきたいと思います。分かりにくい個所が多くあったとしても、間違いなく読む人に本物の教養を与えてくれるはずです。

岡本裕一朗

巻末付録・オススメ・ブックガイド

哲学入門について、それぞれ特色のある本を紹介しておきます。どれも、一流の哲学者の手によって書かれていますので、安心して読むことができます。全部を読む必要はありませんが、全部を読んだら、その内容の違いに驚くことでしょう。「哲学とは何か」は、これほど理解が異なっているのです。

①ネーゲル『哲学ってどんなこと?』

ネーゲルの哲学入門書の特徴は、哲学者の名前がいっさい登場せずに、哲学の根本的な問題をとても易しい言葉で語っていることです。哲学史ではなく、哲学はいったいどんなことを問題とし、どのように議論するのか――このような語り方は、一流の哲学者でなくてはできません。高校生から読むこともできますが、レベルは決して低いわけではありません。

②ヤスパース『哲学入門』

著者のヤスパースは、ハイデガーと同時代の実存哲学者として著名な人物です。

哲学入門書としては古典的なもので、格調高い文章で落ち着いて読むことができます。「古代哲学は驚きから、近代哲学は懐疑から始まる……」といった、有名な言葉も、この本の中にあります。哲学一般の入門としてだけでなく、実存哲学入門としても読むことができます。

③ラッセル『哲学入門』

ラッセルは、イギリスの数学者・論理学者であるとともに、分析哲学の創始者の一人でもあります。彼は、社会活動も積極的に行い、評論文もたくさん書いていますので、ご存じの方も多いかもしれません。彼の哲学入門書は、きわめて論理的に書かれていますが、決して難しい表現は使っていませんので、一度は読んでおくことをオススメします。

④ドゥルーズ／ガタリ『哲学とは何か』

フランスの哲学者ドゥルーズが、盟友のガタリとともに書いた渾身の作です。二人とも、この本の後で、ほどなくして亡くなりました（ドゥルーズは自殺した）ので、まさに遺書といっていいかもしれません。哲学者とは「概念を創造する人」という魅力的なフレーズが登場する書物ですが、文章は必ずしも読みやすいわけではありません。覚悟して読んでください。

古代哲学

古代哲学については、プラトンとアリストテレスという二人の巨頭がいるので、おそらく一生かかっても、読みつくすことはないでしょう。逆に、どこから始めるかは、悩むところです。アリストテレスの文章は、基本的に講義として書かれているので、とても無味乾燥で、最初の本としてはオススメできません。それに比べ、プラトンの本は、生き生きと描かれているので、読んでも面白いと思います。ただし、本格的に読むには、プラトンだったら『国家』、アリストテレスだったら『形而上学』になりますが、これらは目標と考えたほうが無難です。まずは短いものから入りましょう。

①プラトン『メノン』

この対話篇は「プラトン哲学最良の入門書」とも言われ、ソクラテスの議論の仕方を理解するのに、最も適しています。副題は「徳について」となっていますが、「徳」に限らず、私たちの知識の本質を考えるとき、ぜひとも読んでおきたい本です。少年と数学の対話をする場面などは、話が分かるだけに、プラトンが何を主張したいのか納得できます。

②アリストテレス『弁論術』

他人を前にして、どのように説得的な演説を行うか？　欧米では、ギリシャ以来きわめて重要な技術となっています。それを学ぶうえで、古典中の古典というのが、このアリストテレスの本です。日本では、今まであまり重視されませんでしたが、現在はプレゼンテーション能力の向上が叫ばれているので、手に取ってみることをオススメします。

中世哲学

中世という時代は、ひと昔前は「暗黒時代」のように扱われ、キリスト教によって人々の無知と迷信が強制されたものと信じられました。そのため、中世哲学は合理的な科学研究に対立し、取り立てて重要性を持たないものとみなされてきました。しかし、こんな中世のイメージは、今日ではすでに払拭されています。中世を学び直すことが必要です。

①アウグスティヌス『告白』（世界の名著）

アウグスティヌスの自伝であり、青年期特有の様々な放蕩から、いかにしてキリスト教者になったのかが、克明に描かれています。その内容は、単にキリスト教という観点からだけでなく、哲学的にも興味深く、ハイデガーは時間論として、ヴィトゲンシュタインは言語ゲーム論として、再検討しています。

②トマス・アクイナス『神学大全』（世界の名著）

世界の名著で出されているのは、あくまでも『神学大全』の抄訳です。全巻は、この数十倍にもなります。トマス・アクイナスは、アラビア世界からもたらされたアリストテレスの著作を縦横無尽に使いこなし、あらゆる問題に理路整然と答えていきます。そのさまを、近代の哲学者たちは、「スコラ的な議論」といってバカにしましたが、簡単に退けて済む問題でもありません。

近代哲学

近代哲学は、一般に大陸合理論とイギリス経験論に分けられ、それぞれ独自の伝統があります。また、相互に論争することもあって、論点の違いがはっきりします。とくに有名なのは、ロックとライプニッツの論争ですが、タイトルもロックが『人間知性論』、ライプニッツが『人間知性新論』になっています。しかし、いずれも長大な書物であり、一方を読むだけでも大変です。

①デカルト『方法序説』

この本は、自伝的に書かれていて、論文といった堅苦しさがなく、気軽に読めます。「われ思う、ゆえにわれあり」という命題は、その意味が分からなくても、多くの人が知っています。彼がどうしてこのように語ったのか、その画期的な意義がどこにあるのか、それを知るためにも近代哲学の出発点となる本書を読んでおきましょう。

②ライプニッツ『モナドロジー』

微積分学の創始者であり、機械式計算機の発明者である、哲学者のライプニッツは「普遍記号学」なるものを構想し、人間の思想を百科事典のように秩序づけようとしました。このライプニッツの思想を最もうまく表現しているのが『モナドロジー』です。この本は、とても短いうえに、表現も難しくないので読みやすく、ライプニッツ入門としては最適です。

③カント『啓蒙とは何か』

カントといえば、通常は批判書といわれる代表作の『純粋理性批判』『実践理性批判』『判断力批判』を読むべきかもしれません。しかし、そのどれも、すぐに読み終えることはできず、さらにはカント特有の表現に悩まされます。そこで最初に読むなら、この薄い本がオススメです。フーコーなどは、この本の重要性を強調しています。

④ミル『自由論』

本論では紹介できなかったのですが、今日において自由の問題を考えるには、この本をぜひとも読んでおく必要があります。じつは「自由」といっても、その意味は多様であり、必ずしも自明な概念ではありません。ミルの自由論は、今日の「自己決定論」や「自己責任論」の源泉なので、一度は確認しておかなくてはなりません。

⑤ヘーゲル『小論理学』

ヘーゲルの主著と言えば、『精神現象学』や『大論理学』ですが、残念なことに、いずれも長大であり、しかも難解極まりないものです。たいていは、数ページ読んであきらめてしまうでしょう。そこで、彼が講義用に出版し、しかも講義のときに説明した補足も収録した本書が、とても便利なのです。ただ、訳が少し古いので、その点はあらかじめ注意しておきます。

⑥マルクス／エンゲルス『ドイツ・イデオロギー』

若い頃のマルクスとエンゲルスが、自分たちの理論を確立するために、奮闘していた時期のドキュメントと言えます。もともとは、もっと大きな本になる予定だったものの、いわば導入部にあたる部分です。俗にいう「唯物論的歴史観」が表明されていて、マルクス主義の基本的な考えを知るには、最適の本と言えます。

⑦ニーチェ『道徳の系譜学』
一般に、「道徳」はよきものとされ、社会成員が守るものと考えられています。この常識に疑いを抱き、「道徳」は本当によきものか、問い直したのが本書です。日頃、道徳にうさん臭さを感じている人は、この本を読むと間違いなく納得するはずです。毒気のあるニーチェの文章も、他にはない魅力です。

現代哲学

現代哲学が目指す方向はきわめて多様で、ざっと見ただけでは何が問題なのか、なかなか理解できません。そこで、20世紀と21世紀の哲学を大局的に区分し、その立場を明確にすることが重要です。ここではすべてを網羅できませんが、その一端を紹介しますので、できればどれかひとつでも手に取ってみてください。同時代の息吹が感じられます。

①ハイデガー『技術とは何だろうか』
ハイデガーの主著と言えば『存在と時間』ですが、これは厚いうえに、特有の言

葉で書かれていて、簡単には読み終えることができません。それより、彼の技術論を読むほうがおそらく生産的です。50年以上前の議論なのに、今日のインターネット時代を予測したかのような文章には、ハッとさせられます。

②サルトル『実存主義とは何か』

サルトルが実存主義者として広く世に知られるようになった本。元の講演を書籍化したもので、第二次世界大戦後の混乱した状況をよく伝えています。「実存」という概念を分かりやすく説明し、実存主義の流行を作っていきました。実存主義をどう評価するかは別にして、実存主義を知るにはこれがベストです。

③デリダ『ポジシオン』

構造主義の後、ポスト構造主義の旗手として登場したデリダですが、彼の書いた本は独特の表現法もあって、その読解は一筋縄ではいきません。そこで、彼が対談して、自分の思想を分かりやすく語った本書を読むのが、デリダ思想を知る近道です。彼のキャッチフレーズ「脱構築」という言葉も説明していますので、これを読んでカッコよく決めたいですね。

④デネット『心はどこにあるのか』

デネットは現代アメリカの最も生産的な哲学者の一人で、自然主義的立場を取っています。本書は、彼の中では珍しくコンパクトな本で、一気に読みとおすことができます。彼は人間の「心」というものを特別視せず、ＡＩにも動物にも、あらゆる生物にも、さらには無機物にも語りえると主張します。その論拠がどこにあるか、ぜひ自分で確かめてください。

⑤ドブレ『メディオロジー宣言』

レジス・ドブレは、１９６０年代にはゲバラと一緒に南米の革命運動に参加したのですが、その後フランスに帰国して、「メディオロジー（メディア論）」という新たな学問を構想しました。その宣言書が本書になります。デジタルテクノロジーが発達し、インターネットが張り巡らされた現代において、メディアがどんな意義を持つか、本書によって再考する必要がありそうです。

②ゴットフリート・ライプニッツ：著、
谷川多佳子／岡部英男：訳
『モナドロジー 他二篇』岩波文庫、2019
③イヌマエル・カント：著、中山元：訳
『永遠平和のために／啓蒙とは何か 他３編』光文社古典新訳文庫、2006
④ジョン・スチュアート・ミル：著、斉藤悦則：訳
『自由論』光文社古典新訳文庫、2012
⑤ゲオルク・ヘーゲル：著、松村一人：訳
『小論理学 上・下』岩波文庫、1978
⑥カール・マルクス／フリードリヒ・エンゲルス：著、
廣松渉／小林昌人：訳
『ドイツ・イデオロギー 新編輯版』岩波文庫、2002
⑦フリードリヒ・ニーチェ：著、中山元：訳
『道徳の系譜学』光文社古典新訳文庫、2009

現代
①マルティン・ハイデガー：著、森一郎：編
『技術とは何だろうか 三つの講演』講談社学術文庫、2019
②ジャン・ポール・サルトル：著、伊吹武彦：訳
『実存主義とは何か』人文書院、1996
③ジャック・デリダ：著、高橋允昭：訳
『ポジシオン』青土社、2000
④ダニエル・クレメント・デネット：著、土屋俊：訳
『心はどこにあるのか』ちくま学芸文庫、2016
⑤レジス・ドブレ：著、西垣通：監修、嶋崎正樹：訳
『メディオロジー宣言　レジス・ドブレ著作選 1』NTT 出版、1999

オススメ・ブックガイドで紹介した書籍の一覧

①トマス・ネーゲル：著、岡本裕一朗／若松良樹：訳
『哲学ってどんなこと？—とっても短い哲学入門』昭和堂、1993
②カール・ヤスパース：著、草薙 正夫：訳
『哲学入門』新潮文庫、1954
③バートランド・ラッセル：著、高村夏輝：訳
『哲学入門』ちくま学芸文庫、2005
④ジル・ドゥルーズ／フェリックス・ガタリ：著、財津理：訳
『哲学とは何か』河出文庫、2012

古代
①プラトン：著、藤沢令夫：訳
『メノン』岩波文庫、1994
②アリストテレス：著、戸塚七郎：訳
『弁論術』岩波文庫、1992

中世
①アウレリウス・アウグスティヌス：著、山田晶：訳
『世界の名著 16 アウグスティヌス』中公バックス、1978
②トマス・アクィナス：著、山田晶：訳
『世界の名著 20 トマス・アクィナス』中公バックス、1980

近代
①ルネ・デカルト：著、山田弘明：訳
『方法序説』ちくま学芸文庫、2010

●著者プロフィール
岡本裕一朗（おかもと・ゆういちろう）
1954年生まれ。玉川大学文学部名誉教授。九州大学大学院文学研究科哲学・倫理学専攻修了。九州大学文学部助手、玉川大学教授などを経て現職。西洋の近現代思想を専門とするが興味関心は幅広く、哲学とテクノロジーの領域横断的な研究をしている。2016年に発表した『いま世界の哲学者が考えていること』は、マルクス・ガブリエルやダニエル・デネットなど現代の哲学者の思考を明快にまとめあげベストセラーとなった。他の著書に『ポストモダンの思想的根拠』『フランス現代思想史』『人工知能に哲学を教えたら』『答えのない世界に立ち向かう哲学講座』など多数。

マイナビ新書

教養として学んでおきたい哲学

2019年6月30日　初版第1刷発行
2021年12月20日　初版第4刷発行

著　者　岡本裕一朗
発行者　滝口直樹
発行所　株式会社マイナビ出版
〒101-0003　東京都千代田区一ツ橋2-6-3 一ツ橋ビル2F
TEL 0480-38-6872（注文専用ダイヤル）
TEL 03-3556-2731（販売部）
TEL 03-3556-2735（編集部）
E-Mail pc-books@mynavi.jp（質問用）
URL http://book.mynavi.jp/

編集　糸井一臣
装幀　小口翔平＋山之口正和（tobufune）
DTP　富宗治
印刷・製本　図書印刷株式会社

ISBN978-4-8399-7018-5
Printed in Japan